ベテラン税理士だけが知っている
連年非課税贈与の成功パターン

堂上孝生
アアクス堂上税理士事務所
代表税理士

合同フォレスト

はじめに

「生前贈与」とはどういうものかご存知ですか？　よく耳にするけれど、詳しくは知らないという方も少なくないかもしれません。生前贈与とは、生きているうちに自分の財産を人、多くの場合は親族に与えること。「生前贈与なんて、大金持ちの話でしょ」とお思いのあなた、じつは違うのです。

本書では、「連年１１０万円の非課税贈与」を活用して、賢く財産を世代間移転し、抜かりない相続対策を事例とともに紹介しています。

「連年非課税贈与」とは何か。それは、合法的な「連年贈与（暦年課税）」の非課税贈与枠を使った生前贈与です。専門の知識がなくてもすぐに実施でき、節税効果はバツグンです。相続対策で行うことは、次の三つです。

⑴節税対策
⑵納税対策
⑶争続対策

「最大110万円連年贈与の非課税枠利用」は(1)の節税対策が主な目的です。ただ、節税対策も規模はピンからキリまで。一般人がうらやむほどの高額の非課税対策は、主に不動産に係る戦略で専門家の支援が不可欠です。

本書では原則的に、そのような戦略的な相続対策が必要な富裕層の読者は、対象にしていません。相続課税の裾野、つまり「今までは相続税が掛からなかったのに、平成27（2015）年税制改革で増税されるような人」を対象にしています。ご自分で理解できる範囲内での節税の話がほとんどです。

平成27年1月1日から、事前の相続対策として「生前贈与のノウハウ活用」が必要になったのは間違いありません。すでに節税テクニックを身につけている方はよいとしても、今まで庶民だったのに、急に相続税の心配をしなければならなくなった方はどうすればよいのでしょうか。

本書は、基本的には新聞やテレビ、不動産業者が大々的に宣伝するような、いわば「大がかり」な相続対策の指南書ではなく、誰でもできる「生前贈与による相続対策」についてご紹介しています。いわば「相続税対策の初心者に向けた節税対策本」といえるでしょう。

連年非課税贈与は、比較的手軽であるにもかかわらず、積もれば「うわー」と驚くほど相当な金額を節税できる方法です（「贈与.tokyo」サイト参照）。

ただ、手軽だとはいっても、やはり落とし穴には注意しなければいけません。

たとえば、非課税だと思って「連年贈与」をし続けて、20年も経ってから、「定期贈与」で違法だと言われると、長い期間の「定期金の贈与」ということになり、「贈与者（贈与する人）が債務として、受贈者（贈与を受ける人）に定期的にお金を支払っていただけだ」ととらえられてしまいます。

すると「連年」の合計額が一括贈与額として、その贈与者が死亡した日（相続開始日）や税務調査があったときに、贈与税が課されることになります。

しかも、その贈与のうち過去3年のものは、相続税の規定により相続財産に組み込まれることになるのです。つまり税額の調整としては、次のような流れになるのです。

贈与税支払い　⇓　相続税支払い　⇓　贈与税還付

いったん贈与税を支払いますが、直近の3年分については計算をし直して相続税を支払うので、贈与税は還付されるというわけです。何も問題ないと思っていた「庶民の連年贈与」が、きちんと対策を講じなかったばかりに面倒なことになりうるのです。

長い期間にわたる連年非課税贈与の重要なポイントは、「適法な書類づくり」と「客観的な保存」を心がけることです。

大きなお金が動けば税務署も動きます。

今から10年後、20年後、30年後の税務調査に備えて、それに対抗しうるすべをお教えします。誰のためでもない、あなたと、あなたから財産を贈られる方々のためです。

２０１５年9月

堂上　孝生

もくじ

第5章　連年非課税贈与を成功させるためのポイント

第6章　非課税贈与　その他の制度

第1章

スムーズな贈与が一番の相続対策

1 みんなの相続対策はどうなっているの？

平成27（2015）年1月1日から相続税の基礎控除額（課税される遺産の最低額）が40パーセント縮小され、庶民が今までと比べて過重な相続税（タックスデビル）に苦しむ可能性が高まっています。専門家の支援を受けてうまくいけば「ハッピー相続」、失敗すればその「タックスデビル」の思うつぼにはまることになります。

感覚的には、平成26（2014）年以前に「相続税の心配をしなければならない相続財産」を持った人は、相続人の4パーセント程度でした。それが平成27年以降は、統計的には6パーセント程度になるといわれています。しかし東京都心などでは、**表1－1**に示す基礎控除額を超える人は、相続人の10～20パーセントと報道されています。

たとえば相続人が3人の場合、相続財産が4800万円の基礎控除額を超える「課税価額」になる人は、平成27年1月1日以降は、相続税の心配が必要になる人たちといえます。

もちろん常識的には、その課税価額は、小規模宅地等の減額等の計算後の金額ですので、金銭等が4800万円という意味ではありません。しかし、平成26年以前であれば8000万円が基礎控除となっていたのが、一気に控除額が3200万円減ったわけですから、庶民も相続税の心配をしなければならなくなりました。法改正による影響はかなり大きいといえるでしょう。

相続税の基礎控除額は、法改正前（平成26年12月31日以前）は、「5000万円＋1000万円×法定相続人の数」だったのが、法改正後（平成27年1月1日以降）は、「3000万円＋600万円×法定相続人の数」と変更になりました。計算の手間を省いた早見表を**表1−1**に示しますので、参考になさってください。

たとえば、財産8000万円の相続人が妻と子の2人の場合では、基礎控除は4200万円となり、3800万円が課税価額です。

平成27年1月1日の法改正により、相続税

表 1-1　相続税の基礎控除額の早見表

法定相続人数	基礎控除額		この改正により増える相続税の課税価額（差額）
	平成 26 年 12 月 31 日まで（法改正前）	平成 27 年 1 月 1 日以降（法改正後）	
1 人	6,000 万円	3,600 万円	2,400 万円
2 人	7,000 万円	4,200 万円	2,800 万円
3 人	8,000 万円	4,800 万円	3,200 万円
4 人	9,000 万円	5,400 万円	3,600 万円
5 人	1 億円	6,000 万円	4,000 万円
6 人	1 億 1,000 万円	6,600 万円	4,400 万円

課税の対象者が増加しました。

相続税の基礎控除額とは、相続財産（遺産）に「それ以下なら相続税が掛からない」という、相続税の非課税限度額を指します。

平成27年の法改正後、基礎控除額が減りました。つまりそれは、相続税の課税対象の遺産額がその分、増えることを意味します。**表1−1**の右端列の「差額」は、相続税の課税価額が法改正前よりいくら増えるかを示しています。その増えた課税価額にそれぞれの相続人の税率（**表1−2**）を掛けた金額が増税されたことになります。

なぜ相続税は増税になるのか

今の時代背景として、65歳以上のいわゆる「シニア」が、国民全体が保有する民間資産1600兆円の3分の2以上を占めており、若年層の資産保有額との間に不公平感が広がっています。その不公平をなくす方法として、今までより相続税を重くし、税金として徴収して行政資金に使うことで、資産保有に関する世代間の公平を図ろうとしています。

税制については専門家の間では冗談話として、「前取り法人税、今日は所得税、さようなら相続税」と語られているように、相続税は生涯を通じて、課税し漏れた税金を取り戻そうという考えで設計されています。

さらに世間では「日本ではだいたい、大口の資産家の財産は3代でなくなる」と言われています。つまり「相続が3回続くと、その相続税で資産家の身代《しんだい》がなくなる」というわけです。しかし、今回平成27年1月1日の相続から適用されている改正相続税では、最高税率が50パーセントから55パーセントに引き上げられました。

次のように、「(1)↓(2)↓(3)」へと世代交代するごとに初代の遺産は税金で取り立てられ、何と4代目には、初代の遺産は9パーセントしか残らないのです。

(1) 遺産①－〔遺産①×55％（初代の相続税）〕＝2代目に残る遺産②（①の45％）

(2) 遺産②－〔遺産②×55％（2代目に掛かる相続税）〕＝3代目に残る遺産③（①の20％）

(3) 遺産③－〔遺産③×55％（3代目に掛かる相続税）〕＝4代目に残る遺産④（①の9％）

本書は庶民のための相続対策本ですので、読者のなかに遺産の最高相続税率55パーセントが掛かる方（課税対象の財産が6億円超）は、あまりいないと思いますが、これは「3代目で初代の遺産の80パーセントが税金で持っていかれる」という話です。

平成27年1月1日から適用になった相続税の税率表を掲載します（**表1－2**）。

各相続人の「取得価額㋑」×「税率㋺」－「速算控除額㋩」

これで、相続税額が簡単にシミュレーションできます。次の事例で詳しく見てみましょう。

表 1-2　相続税の税率表

取得価額㋑ ※基礎控除後の金額の各人別の法定相続分に応じた取得価額（相続税評価額）	税率㋺ （相続税率）	速算控除額㋩
1,000 万円以下	10%	0 円
3,000 万円以下	15%	50 万円
5,000 万円以下	20%	200 万円
1 億円以下	30%	700 万円
2 億円以下	40%	1,700 万円
3 億円以下	45%	2,700 万円
6 億円以下	50%	4,200 万円
6 億円超	55%	7,200 万円

計算例　母が、平成27年1月1日（改正法適用後）に亡くなり、遺産8000万円を、相続人の子ども（太郎・花子）2人が半分ずつ相続した場合（父はすでに他界）。

(1) 基礎控除額は法定相続人2人なので4200万円となり、課税価額は3800万円となります。

(2) 「取得価額㋑」は、3800万円÷2人＝1900万円となります。

(3) 税率は、取得価額㋑が1900万円であるため、税率㋺は15％となります。

(4) 計算は、取得価額㋑1900万円×税率㋺15％－速算控除額㋩50万円＝235万円となります。

相続税の総額は、まず太郎・花子の各法定相続分に応じた税額（235万円）の合計額となります。

政府の進める非課税贈与の施策

金融資産は900兆円といわれる一方、中央政府は1000兆円を超す国債残高（国の借金）を抱え、地方公共団体を含めると1200兆円以上の債務を抱えています。

そのため政府は、銀行に預金された900兆円を、株式投資に回すよう株価を上げる政策を取り、平成26年末現在ではそれなりの成果を上げています。

その延長線上の考えとして、国を元気にするためには「銀行に眠った金融資産」を、株式投資に回してほしいわけです。

また「眠っている金融資産」を、シニアが生きているうちに、若い世代に「資金移転」すれば、世のなかは活性化すると考えられます。そのため「贈与税の政策」により、非課税贈与の特例が数多く策定されています。

贈与税の非課税制度については、たとえば、次のものがあります。

・婚姻歴20年以上の配偶者への「住まい」2000万円贈与（第6章1）
・NISA（少額投資非課税制度）の運用益（第6章3）
・住宅取得資金（優良住宅1500万円、それ以外は1000万円等）の贈与
※適用期限が細かく規定されているため、注意してください（第6章5）。
・子や孫への教育費1500万円一括贈与（第6章6）
・「相続時精算課税制度（相続財産の前渡し）」の非課税枠2500万円（第7章5）

そのほかに、紙面の都合で取り扱えませんが、次のものもあります。

・特定障害者に対する贈与税の非課税

特定障害者とは、特別障害者及び障害者のうち精神に障害のある方をいいます。一定の信託契約に基づいて生活費等に充てるため特定障害者を受益者とする財産の信託は、特定障害者のうち「特別障害者」の方については6000万円までの信託受益権（「特別障害者以外の特定障害者」は3000万円まで）は、贈与税がかかりません。

この非課税の適用には、財産を信託（特定障害者扶養信託契約）する際に「障害者非課税信託申告書」を、信託会社を通じて所轄税務署長に提出しなければなりません。

・一般社団法人・財団法人（財産所有権は国庫に移るが管理権が残る）への寄付（贈与）

公益目的の事業を行う法人で、一般社団法人および一般財団法人法により設立された社団・財団への特定の寄付行為による資産移転については、一般の贈与非課税制度とは、趣旨が異なります。

これは、相続税法第66条第4項等の違法行為の遮断がしっかりされる場合は、その移転した財産は「相続財産」から除外されることになりますが「でき心」とか「軽い気持ち」でこの制度を適用すると、大きな過ちを犯すことになります。そのため、本書では単に項目の紹介だけに留めます。そのうち関係法令の研究が進み、判例が蓄積された時点では、主に事業承継の一つの仕組みとして確立されていくものと推測します。

この仕組みの要は、財産の所有権は国に移りますが、管理権は手許《もと》（相続人）に残るという点にあります。生前贈与の場合は、信託法により受益者（一般社団法人・財団法人）をまだ生きている被相続人にして、委託者（推定被相続人）が従前どおりに、その不動産の賃貸料収入等を受益（収入）する手法を取ります。

2 税務調査の実態とタイミング

税務調査の実態は書類確認と聞き取り

相続税、贈与税の税務調査は実態調査ですので、「この証拠（書類）さえあれば大丈夫」とはなりません。適法な書類を整備しても、税務調査で対応する当事者があやふやな受け答えをすると、すんなりといかないこともあります。

不安がある場合は、とりあえず「整備した書面の内容のとおりです。後は税理士さんに聞いてもらえませんか」とお願いしましょう。

後ろめたい部分がなければ、税務調査官の質問に冷静に、かつ淡々と答えるように心がけます。贈与税の規定も含まれる相続税法をきちんと守ることは、言うまでもありません。

税務調査が入るタイミング

税務調査が入るタイミングとは、相続人や受贈者が「大きな買い物」や「大きな出費」をしたときです。相続人や受贈者の出費先が、ＫＳＫシステム（国税総合管理システムの略称）の記録上、受取（売上）として申告します。ＫＳＫシステムはその売上を個別認識し、相続人や受贈者の名前が表面化するわけです。

ＫＳＫシステムは先進国屈指の税金管理システムで、実によくできています。全国の国税局および税務署をネットワークで結び、申告・納税実績や各種情報を入力し、税務行政の事務処理を行う全国規模のシステムで、平成13（２００１）年に運用が開始されました。

国税調査能力を甘く見て、不正を働く人は、たいていこのシステムで「ご用」となります。また、今注目されているマイナンバー制（社会保障・税番号制度）は、国税庁により附番される13桁の「会社番号」（法務局のものとは別物）と併せて、不正の防止上、大きな威力を発揮すると思われます。同制度が施行される平成28（２０１６）年1月1日以降は、一層の法令順守が求められます。

マイナンバー制の時代です。国税・地方税・社会保険料の節約は、適法でなければバレて損をすると考えたほうがよいでしょう。「不注意」や「でき心」「無意識の法令違反」が、今後はほとんどすべてが「機械」で情報検索できます。零細企業といえども「不正は不正」として、情報検索され所管官庁のディスプレーに表示されます。経営者たるものは、税と社会保険に関しては、心してしっかり「コンプライアンス（法令順守）」に注意することが必要です。

3 対策をしなければ損をする？

節税対策・納税対策・争続対策

「はじめに」でもお話ししましたが、相続対策としてやることは、基本的に節税対策、納税対策、争続対策の三つです。

節税対策は、課税対象の資産を適法に減らすことです。本書では、基本的な対策として、将来の遺産に関して、一族の相続税を減らす生前贈与としての連年非課税贈与をお勧めしています。

納税対策は、相続税を納めるための納税資金を確保すること、争続対策とは、相続人たちがもめないように遺言書の作成や個人信託の利用など、可能な限りの手を打つこと。節税、納税、争続それぞれの対策を検討してみましょう。

(1) 相続税の節税対策

もっとも基本的な節税対策は、何といっても「連年110万円」の非課税贈与です。また政府は今、国の政策として早期の世代間の資産移転を促す「生前贈与の非課税措置」を数多く打ち出しています。これにより、シニア世代の眠っている金融資産を、次世代に早期移転し、若い世代に使ってもらって景気を浮揚させようとしているわけです。

贈与税の非課税措置は、たいていそのような政府の財政運営に関する「魂胆」によるものです。これらは悪いことではなく、一般的には受け入れられています。

そのような政府の政策目的に合う「生前贈与」の非課税制度を使うと、一般的には、大変に得をすることになると思います。具体的な非課税制度は、第6章で説明します。

(2) 贈与税の納税猶予

もっとも基本的な例は、「相続時精算課税制度」です。この制度は生前に推定の被相続人から相続人に、贈与があった場合、その時点では「贈与税」は課税せず（いわゆる「20パーセント課税」はいわば「贈与税」の仮払いです）、その被相続人が死亡したとき（相続が開始されたとき）に、国として、その相続財産については、過去の贈与税を精算して相続税を払ってもらおうという制度です。詳しくは第7章5で説明します。

(3) 相続の争い遮断の新手法

「争続」と揶揄《やゆ》される相続財産にまつわる争いは、人各々の本能的な利害関係の清算行為として、どうしても避けられない「経済の営み」だといえます。

そのため昔から「遺言」によって生前の被相続人の意思を明確にすることが行われてきました。最近では、平成17（２００５）年に信託法が改正され、より確かな意思の反映が可能になりました。また、生前に被相続人の財産を「贈与」してしまう手法が多く見受けられます。しかし、遺言や信託には一つ弱点があります。それは「遺留分の減殺請求」制度です。つまり遺留分とは、いくら被相続人がそうしたいと思っても、民法上の「法定相続分」の半分は、遺贈の意中になかった他の法定相続人が「分与してください」と言える権利です。

信託法による財産移転も、その遺留分の減殺請求を遮断できません。遺留分の減殺請求権を擁護する民法に対しては、遺留分の侵害を避けた信託契約が必要です。遺言書も同じですが、係争になると遺留分の減殺請求が優先します。

なお、信託では、財産を持っている推定の被相続人X氏（委託者）が、委託者がつくった別会社（たとえば一般社団法人A社。理事長はX氏）に、財産の管理を委託します。このとき財産はA社に移転します。つまり、登記簿謄本には「信託」と明記して所有権移転されます。信託については、第7章2で説明します。

未成年者には法定代理人が必要

本来贈与契約は、贈与者と受贈者において「贈与する意思」と「受贈する意思」の合致が必要となりますが、親権者から未成年の子に対して贈与する場合には、利益相反行為に該当しないことから、親権者が受諾すれば契約は成立し、未成年の子が贈与の事実を知っていたかどうかにかかわらず、贈与契約は成立するとされています。

ですから、未成年者が年110万円の非課税贈与を受けるようなとき、その親は特に気を付けなければいけません。

贈与契約をする時点において、未成年者の法定代理人である親権者が、代理人として契約交渉や契約を行うこともできます。また、20歳未満の未成年者が法律行為を行うには、その法定代理人（一般的には親）の同意が必要です。

この規定に反する法律行為は、取り消すことができます。ただし、単に権利を得たり、義務を免れる法律行為は対象外です（お年玉をもらうことや借金の帳消しなど）。また、法定代理人が処分を許した財産も、未成年者が自由に処分できることになっています（お小遣いなど）。

もし、未成年者が一方的に不利な契約を結んでしまったとしても、取り消しや、追認拒絶によって、未成年者は保護されています。ただし、結婚した未成年者（男性は18歳、女性は16歳以上）は成年者と同じ扱いを受けます。

贈与を受けるときに用意する法定代理人の同意書は、特に法律上の定めはありません。実務上は、後日の税務調査で書面確認がなされることがほとんどです。

特に未成年者が対象となりやすい贈与契約について、必要になる書類をご説明します。明確な必要書類としてパターン化しておくと書類不備が防げるという実務上の観点から、私は次のようなひな型を用意しています。第3章でご紹介する田口家の贈与契約（祖父から孫へ）を例に作成しました。受贈者に「成年後見人」の契約がなされている場合も、税法上、左記のひな型と同様の同意書が必要です。

なお、公正証書（贈与契約書）による財産の贈与時期は、公正証書（贈与契約書）が作

【参考資料】親権者の贈与契約に関する同意書のひな型

同　意　書

贈与者　（住所）東京都文京区春日西３丁目４番５号
　　　　（氏名）田口健司　殿　　　　　　　　（印）
受贈者　（住所）東京都文京区春日西３丁目４番５号
　　　　（氏名）田口　華　　　　　　　　　　（印）

贈与者（健司）と、（未成年者）田口華の下記＜契約の表示＞の贈与契約の締結に同意します。

本書面作成日　　平成○○年○○月○○日 ……………………（注１）
親権者　（住所）東京都文京区春日西３丁目４番５号
　　　　（氏名）田口次郎　　　　　　　　（印）…（注２）
親権者　（住所）東京都文京区春日西３丁目４番５号
　　　　（住所）田口春香　　　　　　　　（印）…（注２）

記

＜契約の表示＞

契約締結日　平成○○年△△月 □□日 …………………………（注３）
契約の種類　贈与契約
目的物　　現預金
代金の額　　100万円
贈与日　平成○○年○○月○○日　……………………………（注４）
贈与の方法　　贈与者から受贈者（華）への銀行口座振込

以上

注１：原則として契約締結日（注３）と同日です。
注２：客観的証拠として署名押印がよりよいです。
注３：贈与日より前の日付です。
注４：法律上の贈与日は当該銀行口座振込日となります。
　　　現金の贈与には領収書、贈与者の資金の出所等の証拠が必要です。

成された日ではなく、その不動産に係る所有権の移転登記がされた日です。

署名の効力

契約締結を証明する贈与契約書には、未成年者の法定代理人（両親）が、未成年者とともに署名捺印します。文字が書けない幼年期は、法定代理人たる親権者（親）が署名します。また、文字が書けない未成年障害者については、親権者、および法定の「未成年後見人」が法定代理人になります。

法律上は「法定代理人」の署名だけで有効ですが、「事実認定」の話になると、「偽装」が疑われる場合がありますので、「未成年」であっても本人署名の実績が「有効」にモノをいうことになります。

とにかく、まずは事実認定の「必要条件」の一つとして、父母双方の署名捺印が重要です。父母の署名捺印は、未成年者の下にその行為に同意する旨の記載をして行うか、または別途書面を発行する方法があります。

また、親権者の死亡等で未成年者に対して親権を持つ者がいない場合に、家庭裁判所が申立てにより、未成年後見人を選任します。法定代理人として、監護教育、財産管理、契約等の法律行為を行います。

否認されない贈与のポイント

(1) 贈与契約書の作成

贈与者、受贈者の双方が自署押印します。未成年者の場合は、親権者（通常は親）が同意する内容で作成し、または別途同意書を作成して添付し、親権者が自署押印します。

なお、贈与契約は口頭でも有効ですが、書面による贈与は一方的な撤回ができないので契約事実が安定的です。

(2) 贈与内容の実行

現金の場合は、贈与者が受贈者の銀行口座へ送金します（証拠が残る）。不動産であれば、所有権移転登記まで行います。動産であれば、受贈者の名義に変更した確実な証拠を残します（贈与記念パーティーの開催、保管場所での写真、公正証書等）。

(3) 贈与財産の管理支配

預金であれば、通帳・印鑑・銀行カードを、受贈者がいつでも自分の意思で使える状態を確保します。不動産は、固定資産税等の維持費は受贈者負担とします（受贈者にお金がなければ、贈与者からの追加贈与とする〔贈与税も支払う〕）。賃貸住宅のような収益物件であれば、受贈者が収受して確定申告および納税を行います。

(4) 贈与税の申告納税

贈与財産の贈与税は、受贈者が申告納税します（受贈者が未成年の場合は、親権者が申告納税を代行します）。

4 税理士を活用してハッピーな将来を迎えよう

もし、あなたが高額な損失を抱えて訴訟を起こした場合、裁判では「税務に関する損失を与えたのが税理士」でなければ、あなたに瑕疵《かし》（過ち）があるとされます。だから専門家に任せましょう。贈与税に関する委任先は、税理士法上、税理士でなければなりません。

税理士に任せるとこんなメリットがあります。それは、贈与税に関する書面なので、法律問題が起きたときは、「ちゃんと法定の『税理士』に委任しました。だから、瑕疵があるとすれば、善管注意義務・忠告義務がある税理士に全責任がある」と主張できることです。つまり、損害賠償は税理士の責任に転嫁されるというわけです。

このメリットを生かすためにも、税理士へ委任してください。聞きかじった知識では、法律には歯が立ちません。いくら生前贈与の非課税贈与法令の知識があっても、税務調査による書類（贈与契約書、申告書）の不備、実態装備の問題（契約書の存在・署名の存在・貯金通帳の記録等）が発生したときに、後からでは対応できないため、役に立ちません。

また、税理士の資質が低いと、納税者への害悪として、「先生がいいと言ったのに……」という旨の大口賠償請求を伴う司法トラブルに発展する可能性もあります。

つまり、たとえば「毎年１１０万円、10年間」で「先生」の言ったとおりに、「非課税贈与」をしてきたはずなのに、税務調査では次のような結果になることもあります。

(1) 非課税要件が整っていない。
(2) だから、最後の年に『一括贈与』の契約があったとみなす。
(3) したがって、10年間で貯まった１１００万円に対する贈与税を掛ける。

一括贈与とみなされた場合、平成27年現在の税率では、年１１００万円に対する贈与税は、その年分の基礎控除110万円を差し引いた990万円に対し、270万円（〔990万円－控除額90万円〕×税率30％）が課税されます（受贈者が法定相続人として「特例税率」を使用：**第2章表2－1**〔49ページ〕）。

さらに、その課税額を納付するまでの過去10年について、各々の年に贈与税の期限後申告書の提出を迫られ、ついに無申告加算税や利子税などが加わると、通常20パーセントを超える税率による加算税が上乗せされ、合計200万円前後の追徴となります。

こうなってしまったら、弁護士に相談することになります。

弁護士は税理士への損害賠償と、さらには長い間築いてきた信頼が裏切られた苦痛に対する慰謝料の請求を提言するでしょう。このようなケースでは、税理士への委任がはっきりしていれば（委任契約書が存在すれば）、裁判所では「税理士の責任」が認められる結果になることが多いです。お金の問題は別としても、何とも「後味」の悪い話になります。

なお、実態装備はもちろん「書類整備」を含みます。しかし、書類整備だけでは実態証明にはならない場合、長期に目論んだいわば「節税失敗額」にもよりますが、誰が数百万～数千万円の損害責任をとるのでしょうか。答えは「税理」です。これが、税理士側から見た資産税支援の陰の問題です。税理士にとって、支援リスクは大きいです。反対に言えば、依頼者は「税理士委任」で安心です。

整理しますと、裁判所では「まったくの無知を装う納税」は正当化されます。一方、税務の委任を受けた認定支援機関税理士（相続支援）は、司法トラブルの発生と同時に、次の３点を満たしたかどうかが問われます。

(1) 適正処理への助言義務
(2) 不当処理への注意義務
(3) 高度な専門家が納税者を守る善管注意義務（全法令への常識掌握）

このような事態が起こらないように、相続・贈与を専門とする税理士を活用するとうまくいきます。

第３章の「華ちゃんの家族」の事例でご紹介する、楽しい「贈与記念の食事会」は、そのような税理士らの法的義務を背負ったものであることは当然です。また、そこにこそ税理士らの「有資格者」の値打ちがあるのです。

素人納税者のあなたも、税理士らが関与するからこそ、30年後の税務調査にもおびえることなく、安心して楽しい食事会を催すことができるのではないでしょうか。

コラム①

えせ税理士に頼むリスクとは

相続税、贈与税に関しては、申告書の作成代理も申告代理も、税理士でなければなりません。税理士以外の人に頼んだ場合、何らかの原因で法律事件となったときには、依頼を受けて無資格で作成代理等した人も「税理士法違反」に問われます。

しかし、税理士でない人に税務申告を頼んだあなたも、その「えせ税理士」には、あなたに有利な「税理士責任」を問えないので、正当な損害賠償を受けることができず、また通常裕福な税理士から損害賠償金を奪取するのに比べ、えせ税理士からの債権回収にはリスクがあります。

5 自宅等の相続税が減る場合とは（小規模宅地等の特例）

相続課税の裾野が広がったために、心配する人の悩みはたいてい「自宅」です。

しかし、「小規模宅地等の特例制度」を利用すれば、自宅だけでなく事業用や貸付用の宅地についても、条件を満たせば相続税を減らすことができます。

この制度はごく大まかに言って、被相続人（亡くなった人）、または被相続人と生計を一にしていた（同居していた等）親族の居住用宅地や事業用宅地については、法令で定める限度面積に該当する場合、各々50〜80パーセントの評価減があるため、評価額が劇的に下がります。

特に、居住用宅地については、相続税の計算上の評価が80パーセント減の20パーセントになります。自称「庶民」の相続人は、ほとんどがこれで救われるでしょう。

次に、平成27年1月1日以後の居住・事業用の小規模宅地の評価減について、ポイントを示します。自己評価でチェックしてみてください。

平成27年1月1日以後に相続の開始された被相続人に係る相続税について、小規模宅地等については、相続税の課税価額に算入すべき価額の計算上、**表1-3**に掲げる区分ごとに一定の割合を減額します。

小規模宅地等の特例の適用には、所定の要件を満たす必要があります。

(1) 個人が相続または遺贈により取得した財産であること。

(2) 相続開始の直前において、被相続人等の事業の用または居住の用に供されていた宅地等で一定の建物または構築物の敷地の用に供されていた宅地等であること。

(3) 特例対象宅地等に該当すること。

生前において上記の要件を満たしているかを確認する際には、土地の利用状況や取得者、取得方法の観点から行うのがいいでしょう。

小規模宅地等の特例を利用した節税策については、相続税に関する規定です。「個人が相続または遺贈により取得した財産であること」となっています。ここでの節税は相続税の節税の話で、「相続」または「遺贈」により取得する財産に限られます。

小規模宅地等の特例は、相続税対策として重要な項目です。つまり、贈与税の対策として小規模宅地等を対象とすると、「もったいない」のです。相続税と贈与税を大まかに把握して、16ページ**表1-2**の相続税の税率表を見て大まかな損得を考える必要があります。

相続の時に、「小規模宅地等」が相続財産に含まれているように、被相続人と相続人の間で、遺産の額に応じた相続税の税率表をにらんで、資産の移転を計画するのも一つの方法です。

さて、話を元に戻して、まず特例を適用選択する宅地等が、下のAまたはBのどちらに該当するかによって、限度面積を判定してから、次ページ**表1−3**の該当箇所を見てください。

「小規模宅地等」は、このように相続時の遺産評価額がたいていの「庶民」の場合、ご自宅は80パーセントもの評価減が適用になります。そのため、自宅の相続対策は一番後回しにしてもよいと思います。つまり、ほかの遺産、たとえば金融資産の相続対策を優先したほうが、生前遺産の相続対策としては効率がよいというわけです。

A　特定事業用等宅地等（①または②）を選択する場合、または特定居住用宅地等（⑥）を選択する場合

（①＋②）≦ 400㎡であること。
また、⑥≦ 330㎡であること。

B　貸付事業用宅地等（③、④）またはその他の事業用宅地⑤およびそれ以外の宅地等（①、②または⑥）を選択する場合

（①＋①）× 200 ÷ 400 ＋⑥× 200 ÷ 330 ＋（③＋④＋⑤）≦ 200㎡あること。

※①〜⑥は表 1-3 の「要件」に対応する番号です。

表 1-3　被相続人の用途別の宅地に対する相続税の減額割合表

<table>
<tr><th colspan="3">宅地の利用区分（相続直前）</th><th colspan="2">要件</th><th>限度面積＊3</th><th>減額割合</th></tr>
<tr><td rowspan="5">被相続人の事業用宅地等</td><td colspan="2">事業用宅地等（貸付事業以外）</td><td>①</td><td>特定事業用宅地等</td><td>400㎡</td><td>80%</td></tr>
<tr><td rowspan="4">貸付事業＊1用の宅地等</td><td rowspan="2">一定の法人＊2に貸付。その非貸付事業の事業用</td><td>②</td><td>特定同族会社事業用宅地等</td><td>400㎡</td><td>80%</td></tr>
<tr><td>③</td><td rowspan="3">貸付事業用宅地等</td><td>200㎡</td><td>50%</td></tr>
<tr><td>一定の法人に貸付。その貸付事業用</td><td>④</td><td>200㎡</td><td>50%</td></tr>
<tr><td>被相続人の貸付事業用</td><td>⑤</td><td>200㎡</td><td>50%</td></tr>
<tr><td colspan="3">被相続人の居住用宅地等</td><td>⑥</td><td>特定居住用宅地等</td><td>330㎡</td><td>80%</td></tr>
</table>

【備考】

＊1　「貸付事業」とは、「不動産貸付業」「駐車場業」「自転車駐車場業」および、事業と称するに至らない不動産の貸付けその他これに類する行為で、相当の対価を得て継続的に行う「準事業」をいいます。

＊2　「一定の法人」とは、相続開始の直前において被相続人および被相続人の親族等が法人の発行済株式の総数または出資の総額の50パーセント超を有している場合におけるその法人（相続税の申告期限に清算中の法人を除く）をいいます。

＊3　「限度面積」については、「特定事業用宅地等」「特定同族会社事業用宅地等」「特定居住用宅地等」および「貸付事業用宅地等」のうちいずれか２以上についてこの特例の適用を受けようとする場合は、次の算式を満たす面積がそれぞれの宅地等の限度面積になります。

A＋（B×（5÷3））＋（C×2）≦400㎡
A＝「特定事業用宅地等」「特定同族会社事業用宅地等」の面積の合計（①＋②）
B＝「特定居住用宅地等」の面積の合計（⑥）
C＝「貸付事業用宅地等」の面積の合計（③＋④＋⑤）

第2章

「連年非課税贈与」は相続税増税に対する庶民の知恵

1 連年非課税贈与とは何か

連年非課税贈与とは、毎年の非課税贈与枠「最大110万円」を使った節税法です。

いま、世間では「相続対策」に注目が集まっています。なぜなら第1章でもお話ししたように、平成27（2015）年1月1日の税制改正により、相続で納税する人が増加したためです。

これにより、「自分は相続税なんか関係ない庶民だ」と思っていた人も、新たな富裕層に仲間入りすることになります。お年玉などのような数千円から数万円程度のやりとりなら、口頭での約束でも大きな問題にはならないでしょう。ここでいう「生前贈与による相続対策」としての「連年非課税贈与」は新富裕層としての相続対策そのものです。

聞きかじりのあやふやな知識で「年110万円なら贈与税が無税」だからと、特に対策を講じずに毎年110万円を子や孫に贈与し続けた場合、相続時、つまりあなたが亡くなるときに、問題が発生する可能性があります。

「ウチは富裕層っていう柄じゃないし、関係ない」と言う前に、ちょっとシミュレーションをしてみましょう。相続税の評価額が、基礎控除を除いて1億円を超えたら40パーセント枠の税額計算となります。

たとえば「男性がコツコツ贈与20年で、一人息子の夫婦2人、孫2人に毎年110万円」のケースです。つまり、話としては生前贈与の対策です。本人が死んだ場合の遺産の相続対策として、相続財産から非課税贈与として8800万円（110万円×4人×20年）が除外されます。もしこの金額が相続財産から除外できず、途中で贈与税の課税対象となってしまった場合、その贈与税額は平成27年の税率（55％：特例税率を適用）で計算しても4488万円以上です（〔8800万円－控除額640万円〕×55％）。ですから、20年間の節税効果は1年間あたり374万円にもなるのです。

「最大110万円」の贈与税の非課税枠を毎年使って、コツコツと、できれば楽しみながら生前贈与をして、いつのまにか大きな資金が世代間移転するような贈与戦略を立てていきましょう。

2 非課税贈与を成功させる3つのルール

相続対策において、本人は法律を守っているつもりが、後から守っていないと指摘され、相続人が将来多額の相続税に苦しむことになっては大変です。たとえ親しい近親者の間の非課税贈与であっても、次の３つのルールをきちんと守ると「非課税贈与がうまくいく条件」が整います。

(1) 書面で贈与契約を結ぶ

実質的に贈与したことを当事者が了解し合った契約に基づいて、贈与財産の移転が実行されること（基本的には口頭でも問題はないが、実務的には証明が困難な場合が多い）。民法上「あげた」「もらった」という両方の意思を証明するため、贈与契約書としてすべて書面で残しておくこと。

(2) 履行実績を残す

この贈与が実際に履行されていること（見せかけの贈与は指摘を受けやすい）。税務上も受贈者が、もらった財産（郵便貯金等）を持ち、自由に使えていること。

(3) 証拠を作成・保存する

その後の維持管理書類（当事者間で作成され、その後の運用等を確認できる書類）の作成と保存がされていること。

たとえば、資産の管理・運用・処分についての次のような証拠があります。

・定期預金の満期金の継続手続と印鑑の保管
・受取利息が受贈者のものである証明
・固定資産税を通帳からの出金により納付した証拠
・納付書の保存
・株式配当金の受領口座と振込票の保存
・支払調書の保管
・所得税の確定申告の控の保存
・贈与税の申告書控の保存（証拠づくりのための「100円申告」「ゼロ申告」控）

ちなみに、贈与税の申告に関する税法は相続税ですが、その相続税法では「贈与税は基礎控除額110万円を超えた場合に必要である」旨が規定されています。

【参考資料】　贈与契約書のひな型

田口家を例に必要な事項を入れたひな型をご紹介します。参考になさってください。

印鑑は認印でも問題はありませんが、大切な書類ですので、みんな同じ「田口」ではなく、名前の入った認印（華ちゃんについては銀行印）が望ましいです。そうでないと税務署として誰の印なのかが判別できず、証拠力に欠けると判断されるリスクがあります。

なお、華ちゃんは未成年なので、親権者の贈与同意書を添付した贈与契約を結ぶ必要があります（第１章３）。

贈 与 契 約 書

贈与者　　田口健司（70歳）
受贈者　　田口華（0歳）

上記贈与者は、受贈者に以下の財産を贈与し、上記受贈者はそれを受贈する意思を以て収受した。

1．対象物　　現金100万円
2．贈与日　　平成13年3月7日　……（注1）
3．贈与理由　誕生祝い
4．贈与場所　○○大学病院
5．付記事項　・この贈与契約は定期贈与となるような契約に関係しない。
　　　　　　・受贈者は贈与財産について「いつでも自分の意思で」処分できるようにしている（貯金通帳は受贈者が管理している）。受贈者名義の貯金は親権者の助けを借りて、実態として受贈者が管理している。

以上　事後の確認のため、法的証拠の一つとして、今年中の当事者の贈与事実に基づいて、贈与契約書を作成し、贈与者および受贈者が各々１通ずつ保有し、永年保存とする。

平成13年12月24日
贈与者　田口健司（署名捺印）＿＿＿＿＿＿＿＿＿＿＿＿＿＿＿　印
受贈者　田口　華（署名捺印）＿＿＿＿＿＿＿＿＿＿＿＿＿＿＿　印
親権者（父）＿＿＿＿＿＿＿＿＿＿＿＿＿＿＿　印
親権者（母）＿＿＿＿＿＿＿＿＿＿＿＿＿＿＿　印

注１：贈与日は実際に贈与が実施された日（たとえば口座振込日）です。贈与契約日ではありません。証拠保全のためには銀行口座への振込が確実です（第１章３）。

3 連年贈与を定期贈与・みなし一括贈与と判断されたらアウト

連年贈与に失敗すると、定期贈与として将来相続税の課税対象となるリスクがあることは、すでにお話ししました。しかし「連年贈与」の辞書的な意味は「毎年の贈与」のこと。必ずしも、贈与リスクを意味するものではありません。

しかし「定期贈与」となると、がぜん「一括贈与」を想定した意味を抱え込みます。

「連年贈与」と「定期贈与」の違いを、年110万円を30年贈与した場合の例で説明しましょう。この場合、30年間の贈与額は3300万円（110万円×30年）となります。

自分では「連年贈与」のつもりでも、30年を「定められた期間（定期）」とした贈与契約があったとみなされた場合（定期贈与）は、調査時から見て最後に110万円を贈与された時期に、3300万円が、一括贈与されたものと判断されることになります。

(1) どこがどう違うのか

①連年贈与：法令順守の「非課税の連年贈与」の実態が客観的に税務署に証明できる証拠が揃っていた。

②定期贈与：「連年贈与」の非課税要件を満たす証拠が税務署として認められなかった。

(2) 資金の性格

①連年贈与：毎年贈与された。

※非課税枠が110万円より少ない時代には、その年分の非課税枠（たとえば60万円）を超える分は、その年分の贈与税が掛かった。

②定期贈与：税務調査が始まった日（最後に110万円を贈与された時期）に30年分一括を贈与された。

(3) 税務署の最終処理

①連年贈与：原則的に問題なし。

※非課税枠を超える分について、年分毎の贈与税が支払われていなければ、その金額だけ追徴される。各々の年分の利子税・加算税が年度ごとに計算される。

②定期贈与：連年贈与の非課税制度は適用できない。

(4) 追徴額

①連年贈与：原則的にはなし。

②定期贈与：課税価額に応じて掛かる。
(A)課税価額：３１９０万円（３３００万円－調査年分の非課税枠１１０万円）
(B)税額：１１７０万５０００円（３１９０万円×45％－２６５万円（**表1－2**））
(C)付帯税：税額に対して、利子税・加算税が本税納付後に書面で郵送される。

(5) 違法か適法か

①連年贈与：適法
②定期贈与：違法

贈与税というのは、後で効いてくる場合があります。それは、この定期贈与の事例のように、今まで贈与した各々の1年をとってみると、確かに非課税の範囲でも、30年間贈与金額の合計は３３００万円になるため、1年間の非課税枠１１０万円を大きく超え、かつ「その合計額で贈与税を計算することが、税務当局にとって妥当である」と判断された場合などです。

税務署に「定期贈与」と判断されないためには、それなりの防備をして、何かしらの工夫が必要です。つまり、「連年贈与」が具合の悪い「定期贈与」として一括贈与課税されないための守備センスが欠かせないのです。

定期贈与の「みなし一括贈与契約」とは

しっかり贈与税の適法性を守り、証拠もちゃんとつくり、かつ長期保存をした場合は、何の問題も発生しませんので安心です。

そうではなく、贈与の証拠づくりも保存もしていないと「定期贈与のみなし一括贈与」とみなされ、一定の贈与税が課せられる場合があります。

それは一定の期間（税務調査をする時点で、その調査以前に非課税要件を満たさない連年贈与の事実が判明した期間）、それを「定期」と表現するのですが、定期贈与の最後の年（税務調査が入った年度）までに貯まったお金がすべて一括で贈与されたとみなす、贈与税の課税方法です。

その税率は２０１５年から**表2−1**のように、贈与額に応じた税率に改定されました。

この速算表は、贈与税額を計算するために使います。

たとえば、祖父から孫への30年間で３３００万円の非課税贈与（贈与税ゼロ円）が「定期贈与」と税務署から認定された場合は、平成26（２０１４）年末までの調査だ

表 2-1　贈与税の速算表（税額計算表）

①課税価額	平成 26 年末までの贈与		平成 27 年 1 月 1 日からの贈与			
			一般税率		④特例税率	
	②税率	③控除額	②税率	③控除額	②税率	③控除額
200 万円	10%	0 万円	10%	0 万円	10%	0 万円
300 万円	15%	10 万円	15%	10 万円	15%	10 万円
400 万円	20%	25 万円	20%	25 万円		
600 万円	30%	65 万円	30%	65 万円	20%	30 万円
1,000 万円	40%	125 万円	40%	125 万円	30%	90 万円
1,500 万円	50%	225 万円	45%	175 万円	40%	190 万円
3,000 万円			50%	250 万円	45%	265 万円
4,500 万円			55%	400 万円	50%	415 万円
それ以上					55%	640 万円

※①課税価額は、実際の贈与額から基礎控除 110 万円を差し引いた金額です。
※④特例税率とは、直系尊属（父母や祖父母など）から贈与財産を取得した受贈者で、その年（各暦年）の 1 月 1 日において、20 歳以上の人に適用される税率です。

と、１５３７万５０００円（〔３３００万円－２２５万円〕×50％）の贈与税が掛かることになります。

あげたつもりだったお金が、法律上は亡くなった人の財産（相続財産）だと認定されると、その財産は遺産分割の対象にもなってしまいます。

◆贈与税額の計算方法
（①課税価額－③控除額）×②税率

4 100円申告やゼロ申告でプラスの安心

毎年祖父から110万円を贈与されていても、非課税限度額を超える財産をもらったわけではありませんから、受け取る孫は贈与税の申告は必要ありません。

しかし、じつはその「必要ありません」というのが曲者《くせもの》なのです。税務署にとって「税法上、必要ありません」と言っているだけ、つまり「納税額がゼロなので、贈与税の申告義務はありません」と言っているだけなのです。

言い換えれば、「税務署の処理業務は増えるけれども、納税額がゼロの人も贈与税の申告をすることは可能」ということです。ですから、税務署へのゼロ申告でプラスの安心を得ましょう。

贈与税の申告書は、税額をゼロとして返信用封筒と一緒に郵送すると、税務署が収受印(受付印)を押して返送してくれます。それを記録として残せば、強力な証拠になります。

税務署ではこのゼロ申告が結構多いそうです。証拠づくりを確実にと考えている人は、気を付けているということですね。

また、わざと贈与税を納付する申告を行う人も少なくありません。

たとえば、贈与額を１１０万１０００円とすれば、基礎控除を超えた１０００円に10パーセントの税率が掛かるため、納税額は１００円です。この１００円を申告して、銀行等で１００円を納付すれば、非課税贈与の証拠書類として、贈与税申告書と１００円の納付書の二つが保存できることになります。これはかなり心強いですね。

なお、贈与を受けた人は各々に暦年計算して作成した贈与税申告書を、翌年の2月1日から3月15日の期間に、税務署に申告・納税します。今までは「贈与税申告書」を紙ベースで作成して、収受印をもらって控を保存していた人も、平成26年の申告、つまり平成27年の2月2日から3月16日までの間に行う贈与税申告から、国税庁のホームページで電子申告できるようになりました。

税金の納付も「ｅ－ＴＡＸ」という電子申告システムで行えるようになっています。従来の紙での申告と合わせて、利用しやすい方法を選ぶとよいでしょう。

ただ、さらに「実態」の証拠保存も重要です。申告書だけでは「贈与の事実」は分からないというわけです。

コラム❷

連年贈与は定期贈与と違い、通常は「累積課税」されない

現行の相続税法（贈与税の規定を含んでいます）には、連年の分割贈与を一括贈与として課税する規定はありません。それが、非課税贈与に関して「合法の契約」「実態」「証拠保全」のある連年の暦年贈与については、一括贈与として課税されることがないとする根拠です。

贈与税は、贈与者と受贈者との間の贈与契約により財産が移転したことを受けて、財産の贈与に対して課税する法律です。贈与者からの財産の贈与が任意の時期に、当事者間で合意されて実行された場合、その贈与財産の評価額を基礎としてその年分の贈与財産価額の合計額をもって、贈与税が課税される仕組みになっています。

そのことを法的根拠として、後から見て、贈与者が仮に毎年またはおおむね定期的な年間隔で、贈与を実行した場合であっても、その贈与という法律行為が、「贈与者の意思と受贈者の受諾により実行されたもの」であるときには、結果として毎年または定期的な年間隔で行われた贈与であっても、一括贈与として課税対象とされるとい

う法理（法律の原理）はないと言えます。

それなのになぜ、「連年課税はいつでも当局の指摘により『定期贈与』による累積課税（各々の年分の課税とせず、違法と判定された連年贈与の期間の贈与額合計に対して、税務調査時に一括課税する課税方式）の対象となる」というように、法理を誤解している税理士がいるのでしょうか。

連年贈与については、昭和49年相続税法第21条の6（昭和49年12月末日まで）で贈与税の「3年連年贈与の一括課税制度」が設けられていました。

それは、当時「1年につき10万円を超える財産を親から贈与を受け、前年または前々年に親から10万円を超える財産を取得した子に対してその親からの3年間の贈与財産の価額を合計して一括課税する」という課税制度でした。この制度は昭和50年の税別改正において、税制簡素化の趣旨から廃止され現在に至っています（出所：『総説　相続税・贈与税・第4版』岩下忠吾、財経詳報社、429〜430頁）。

この過去の法制の経緯から、現在「連年贈与に対して、贈与税の累積課税はできない」と確認できます。贈与契約と実態のある贈与者と受贈者間の贈与については、累積課税されることはないと言えます。だから私は明確に「適正な連年贈与は、違法な定期贈与に当たらない」と断言します。

つまり、法理として連年贈与の「一括贈与契約」は成り立たず、その贈与財産の累積課税はないのです。なお著者はこの論点を、相続税の権威であり、村田簿記学校の講師時代の恩師でもある税理士の岩下忠吾先生から教わりました。

コラム❸

国税庁ホームページの「タックスアンサー」に見る連年贈与の定義

国税庁のホームページには「タックスアンサー」というFAQが掲載されています。その「贈与税」の「贈与と税金」の項の「№4402　贈与税が掛かる場合」という項目で、次のように記載（警告）しています。

「毎年、基礎控除額以下の贈与を受けた場合」

Q.　親から毎年100万円ずつ10年間にわたって贈与を受ける場合には、各年の受贈額が110万円の基礎控除額以下ですので、贈与税が掛からないことになりますか。

A.　各年の受贈額が110万円の基礎控除額以下である場合には、贈与税が掛かりませんので申告は必要ありません。

ただし、10年間にわたって毎年100万円ずつ贈与を受けることが、贈与者との間で約束されている場合には、1年ごとに贈与を受けると考えるのではなく、約束した年に、定期金に関する権利（10年間にわたり毎年100万円ずつの給付を受ける権利）の贈与を受けたものとして贈与税が掛かりますので申告が必要です。

なお、贈与者からの贈与について「相続時精算課税」を選択している場合には、贈与税が掛かるか否かにかかわらず申告が必要です（相続税法第24条、相続税基本通達24−1）。

解説

「毎年100万円の贈与を受け続けた」というのと、「1000万円を10年に分けて贈与した」というのでは、まったく意味が違います。

前者の「非課税の連年贈与」を実態として実際にやっているのに、後者の「定期贈与」だと言うのは実務的には、税務署として大変困難です。「法の実効性」に無理があります。つまり、その贈与は「定期贈与契約がある」と税務署が証明する立場にあります。

これは、確定的な証拠が出れば別ですが、実務的、司法的には税務署として大変苦しいところだと思います。

ただ、「そうともとれる」ような曖昧な「贈与」を続ければ、当然に税務署は強烈な税務調査をしてくる可能性があります。ですから私は、しっかり「非課税の連年贈与」である旨の契約書と、実態をつくろうとアドバイスしているわけです。税務調査は国税に関する「質問検査権」に基づくもので、調査拒否はできません。証拠書類はしっかりと、調査協力として提出しましょう。著者が言う「証拠づくりの『贈与食事会』」も、第5章2でアドバイスしているような体裁を整えた書面を整備して、客観証拠を残せば何ら恐れることはないと思います。

第3章

華ちゃんの家族から見る、安心贈与のためのコツ

1 華ちゃんのしっかりきっちり15年連年贈与

東京都文京区の田口次郎・春香夫妻（共に42歳・仮名）の一人娘の華ちゃんは15歳。第一志望の名門女子高校に見事合格し、平成13（２００１）年春に入学しました。

この年は連年非課税贈与の非課税枠が60万円から１１０万円に拡大された年でもあるため、貸しビル経営者で博学な祖父の健司さん（70歳）は、入学祝いとして華ちゃんに１００万円をあげることにしました。健司さんは、自分の郵便貯金の口座から引き出して、現金で渡してくれました。

その後も、健司さんは毎年の誕生日ごろにレストランで「華ちゃんの誕生日会」を開き、華ちゃんの無事な成長を祝って、手紙とともに１００万円を贈り続けました。この贈与は平成27（２０１５）年まで続き、その結果華ちゃんには15年間で１５００万円が貯まりました。

華ちゃんは親権者である母に手伝ってもらいながら、もらった現金を自分の郵便貯金に入れて管理してきました。なお証拠書類は健司さんの税理士が、適法に整備してきました。

平成27年の暮れ、健司さん主催の誕生日会で、30歳になった華ちゃんは健司さんに1500万円貯まった通帳を見せ、今までの贈与に対してお礼の言葉を述べました。

これは基本的に、連年非課税贈与の話です。華ちゃんは高校入学時から毎年100万円の適法な贈与を健司さんから受け、15年でおよそ1500万円の金持ちになったという、うらやましいお話です。

本章では、こんな華ちゃんの家族の事例をもとに安心贈与のポイントをお話ししていきます。

コラム④

贈与税の基礎控除60万円時代の話

非課税の「仕掛け」のもとは、贈与税の「基礎控除」という制度です。その基礎控除額の枠は、平成13年1月1日以降は110万円なのですが、平成12（2000）年以前は60万円でした。年60万円を超えた場合、150万円までは10パーセントの贈与税が掛かることになっていました。

たとえば、華ちゃんの家族のように記念に毎年100万円贈与したい場合、基礎控除60万円を超えた40万円に対して掛かる贈与税4万円を毎年、親権者が受贈者（華ちゃん）名義で納付します。100万円のうちの4万円ですから、割合でいうと4パーセントです。将来、贈与者（祖父）に掛かる相続税率に比べれば「大変安い」と判断することができます。

この場合、忘れてはいけないのが「100万円を贈与するが、その贈与税4万円を受贈者負担とする」と付記した当事者間の贈与契約書を用意し、その年々の実際の贈与理由、贈与日、その様子を付記した申告書控とともにちゃんと保存し、その後も継続することです。

2 連年非課税贈与がうまくいく最大のポイントは証拠書類づくり

華ちゃんの家族の贈与が成功した大きな要因は、ちゃんと証拠書類を作成したことにあります。連年非課税贈与を客観的に記録するには、第2章でもご説明したように、贈与税を100円またはゼロ申告するだけでなく、その納付書控を証拠となるような方法で保管する必要があります。

仮に110万1000円を受贈した場合、110万円の基礎控除額を差し引けば、課税対象は1000円です。その贈与税は10パーセントで100円となり、この金額を納税する必要があります。翌年2月から3月にかけての贈与税の申告期限内に、納付書に「100円」と記入して銀行で納付します。

その後、納付書控の余白に、どういった経緯でもらったお金なのかを書いて「贈与アルバム」に貼付して長期保存するようにしましょう。

華ちゃんのお母さんがつづってきた「贈与アルバム」は、華ちゃんの成長記録をメモやイベントの写真、その年々のハイライト等をまとめて、日々つくり上げたものです。基礎控除額をわずかに超えることで、税務署からのお墨付きをもらえ、支払い済みの納付書までおまけが付くのです。

華ちゃんの場合は、健司さんから毎年100万円贈与されていて、贈与税は掛からないのにゼロ申告しています。それはなぜでしょうか。

納付書控の余白に「××料理店で祖父健司から入学祝い100万円受贈」と書いて贈与アルバムに貼付し保管しておけば、将来税務署から「一括受贈」の疑いで税務調査が入っても安心だからです。

将来どういう税務調査が入る可能性があるのかというと、たとえば華ちゃんが40歳になって「自宅購入に２５００万円の郵便貯金を充てた場合」などです。

税務署は「お尋ね書」と称して、華ちゃんに「自宅マンション２５００万円の不動産登記がされていますが、その資金はどこから出たのですか」と問い合わせの書類を送ってきます。自宅購入資金として自分で用意していたのは１０００万円だとすると、残りの１５００万円はいったいどうしたのですか、という話です。

また、税務調査としては健司さんが死亡した場合の相続税の調査の一環として、相続人や華ちゃんのような孫も含めて、家族などへの「遺産の移転」がどうなっていたのかが調べられます。通帳はもちろん、高価な品物（動産）を所有していないかも調べたりします。

税務署員には法律で認められた「質問検査権」があり、この調査を断ることはできません。断ったら罰せられる可能性があります。何の対策もしないままで、そのとき慌ててももう手遅れです。

しかし華ちゃんは、そんなときでもほこりだらけの「華ちゃんの贈与アルバム」を取り出し、「資金の出所」の証拠としてそのコピーを税務署に送れば、税務署は「了解」します。

このアルバムがないと、何十年も前の証拠は、たいてい紛失してしまいます。そして

1500万円受贈がその年の「不動産購入時の一括受贈」として扱われ、多額の贈与税が掛かってくることになります。

これは、永年の資金移動は不動産を買うときのための累積資金で、不動産購入時に、その資金が譲渡（資金贈与）されたと考えられるからです。

誰でも不動産を買うと、間もなく税務署から、「お尋ね書」が届きます。その「お尋ね」の一番の関心事は、不動産購入の資金の出所です。

多額の資金の出所とは、次のようなものです。このうち、税務署が特に興味を持つのは⑸と⑹です。

⑴銀行借入
⑵タンス預金
⑶他社・他人からの借入
⑷購入者の事業・オーナー会社からの借入
⑸自分が運営する個人事業からの借入
⑹自分がオーナーの会社からの借入
⑺自分がオーナーの会社、または自分が個人事業主である事業からの寄付金

したがって、もし華ちゃんがその時点で会社経営をしていたり、個人事業を立ち上げていれば「会社の売上計上漏れ」や、個人事業からの「資金供与」が疑われます。

その会社が華ちゃん個人名義の不動産に資金を出したのであれば、華ちゃんへの「役員貸付」としての経理、会社から華ちゃんに貸した資金の利息計上も当然、きちんと行う必要があります。また税務署から返済予定を聞かれることになります。返済予定が立たないと、「会社から華ちゃん社長への『臨時報酬』となる」可能性はあります。

この場合は、華ちゃんの所得税は「臨時報酬＝役員賞与」として追徴になり、同時に会社としては、役員報酬否認の法理から、損金否認（経理では役員賞与は費用ですが、税務上は損金〔費用〕ではなく、益金〔利益〕の計上漏れ）に当たります。つまり、その利益計上分について、30数パーセントの法人税等が追徴になります。

また、個人事業で華ちゃん個人名義の不動産を買ったのであれば、万が一、華ちゃんがオーナーの会社が資金を出した、または資金を貸したとみなされれば、法人税が課せられ、同時に華ちゃんの所得税として、その２５００万円を社長の華ちゃんが「使い込んだ（社長の臨時報酬）」と税法では考えるのです。

「使い込んだ」とはすなわち、華ちゃんが「個人的に会社のお金を使った」、つまり「華ちゃんの所得がその分増えた」と解釈するわけです。

このようにして、華ちゃんの給与所得の2500万円加算にまで発展してしまう可能性は十分にあります。

贈与税に関する「証拠づくり」と「証拠保存」がいかに大切であるか、そしてまたいかにむずかしいかが分かります。贈与を受ける側は、何十年も前の話でも、年ごとに適法に課税関係が完結したものとして、「適法な連年の非課税贈与」を証明する必要があります。

それは税務調査をもとに、華ちゃんに対して「非課税に該当しない」と疑義を投げかけた課税当局の証明義務ではなく、納税者側の証明事項です。

華ちゃんは、それに対して「証拠はここにある！」と証明すれば、税務署はその疑義を取り下げ、華ちゃんの長い期間にわたる適法な連年贈与の非課税申告を是認することになります。


「たかが110万円のことで、ずいぶん、込み入った証拠が必要なのだねえ」と思う方もいるかもしれません。お気持ちはよく理解できます。

でも、将来「非課税に該当しない」と判定されて落胆したり、多額の贈与税・相続税で泣きを見ないように、証拠の作成・保存を今からコツコツ行いましょう。

3 30歳になった華ちゃん、貯金は1500万円

結局、祖父健司さんから華ちゃんへの「生前贈与」は15年間続き、平成27（2015）年には、元本だけで1500万円もの財産の移転（祖父から孫への資産移転）が、何の問題もなく成功しました。

付け加えますと、華ちゃんは健司さんが死亡した場合の「相続人」ではありません。普通は一人息子の次郎さんが、引き継ぐ健司さんの遺産に係る「相続申告」の話です。

健司さんの遺産のうち1500万円は、適法な毎年110万円の連年贈与の非課税枠を使うことにより、課税遺産総額から、消し去られます。つまり、1500万円が、健司さんが被相続人となる相続財産の課税額から、適法に消えてなくなることを意味します。

これは、楽しみながら行える、毎年1回の心温まる祖父から孫への誕生日祝いの食事会と、「華ちゃんの贈与アルバムづくり」による成果です。

平成27年5月、華ちゃんはその1500万円と、第6章5で紹介する「住宅取得等資金贈与」の非課税制度で父親の次郎さんから贈与を受けた1000万円で、2500万円の

マンションを買いました。

父親からもらった1000万円は、平成28（2016）年2～3月の贈与税の申告期限内に書類を提出すれば、税務調査を受ける心配もありません。

なお華ちゃんが、今後も「非課税の連年贈与」を受けて、この適法な年110万円の資金を返済に充てることには、何ら問題ありません。

4 連年非課税贈与を長続きさせた祖父の知恵

祖父の知恵で、連年非課税贈与がごく自然にできているのが華ちゃんの家族です。

ここで、祖父・健司さんが気をつけたポイントについて整理してみましょう。

贈与記念のセレモニーを毎年恒例のイベントに

証拠づくり・保全のための食事会を年1回開きます。親戚も誘っての食事会なら交流も図れ、絆を強くする年次行事になります。誕生日やクリスマスなど、何かの記念日に行う毎年恒例のイベントにしてしまえば、それほど苦ではなく、むしろ楽しみになります。

「贈与.tokyo」サイトにある、食事会などのセレモニー（同時に「贈与アルバムづくり」

もサービスされる）を利用するのもよいでしょう。

華ちゃんの家族の場合は、誕生日祝いとして毎年行い、証拠や書類の作成・保管は行政書士資格を持つ顧問税理士が気を配っていました。

贈与記念の食事会は、「１００万円を贈与した」という事実を証拠としてしっかりと残すためにも、レストランで行うことをお勧めしています。レストラン探しにはぜひ顧問税理士を活用してください。おそらく顧客に飲食店業者がいるはずです。そのお店で毎年食事会を開くことで、お店には売上が、税理士には紹介料が、あなたにとっては毎年の相続対策の食事会が滞りなく行われるというメリットが、それぞれ享受できるというわけです。

その食事会がどういった趣旨のものであるかをお店側に伝えておけば、次のことについても協力してくれることでしょう。

⑴レストラン従業員による、贈与契約書の存在に関する客観的な証言
⑵レストランの店長による贈与契約書の立会い署名
⑶レストランでの記念写真撮影

税理士との信頼関係が成り立っていることが前提となりますが、このようなサポート体制が整っていれば、贈与記念の催しもそれほど面倒なことではなくなると思います。

100万円贈与のゼロ申告

平成28年2月1日から3月15日の申告期間に支払う平成27年分の贈与税は、年間合計贈与額が100万円ですのでゼロ円です。実際は申告の必要はないのですが、顧問税理士は、華ちゃんのお母さんから委任状をもらって、税務申告の親権者代理として毎年せっせと「ゼロ申告」を行い、税務署の収受印のある「贈与税申告書控」という書面を保管してきました。

なお贈与税が課税されるのは、華ちゃんのようにお金などを受け取った人です。

たとえば、平成27年1月1日から同年12月31日までの間に、健司さんは、息子夫妻と孫の華ちゃんに合計300万円の現金を贈与しました。しかし、健司さんには原則として贈与税は掛かりません。

なぜかというと、贈与税の非課税枠110万円は、華ちゃん、息子夫妻の一人ひとりにあって、各々が誰かから贈与を受けた場合に、その贈与額の合計について年110万円の非課税枠があると考えるからです。健司さんの贈与した金額300万円というのは、贈与税の計算上は問題にはならないということです。

贈与に関する書類を集めたアルバムづくり

20年後、30年後にもっとも必要になってくるのが贈与アルバムです。華ちゃんの場合、食事会を開催した証明書、ゼロ申告書の控等、贈与に関わる書類をすべて保存しています。

連年贈与なのか定期贈与なのか、税務署が「あやしい」と思えば「お尋ね書」を送ってきますし、その回答しだいで本格的な税務調査が行われることもあります。

贈与がどういった類のもので、どのように行われたのか、そのことを証明するための非常に意味のあるアイテムが、贈与アルバムといえるでしょう。

第4章

連年非課税贈与の成功パターンの事例

本章では、非課税枠を使ってコツコツ連年贈与を行い、資産の移転に成功した事例をご紹介します。

1 父親から生まれたばかりの娘へ

平成5（1993）年3月3日、桃の節句を祝って、父・長谷川翔太さん（当時28歳・仮名）は、妻・エリカさん（当時25歳・仮名）と相談して、同年1月3日に誕生した娘・ハヤカちゃん（仮名）に毎年110万円を非課税贈与（1993～2000年の間は非課税贈与枠が年60万円なので60万円を贈与）して、成長を祝う食事会をすることにしました。ハヤカちゃんの親権者はお母さんのエリカさんです。

翔太さんは友人の勧めで、この連年贈与の証拠として子どもが大きくなるまで二十数年も要する期間の証拠保全のために、毎年公正証書を作成して公証人に認証してもらい、その翌年の春に、贈与税のゼロ申告をしてその控を保存することにしました。

やがて翔太さんも50歳に、ハヤカさんは22歳に。平成25（2013）年3月、無事大学を卒業した彼女はその年も翔太さんから卒業祝いとして110万円の贈与を受け、同じように公正証書をつくり、ゼロ申告をして、控を保存しました。これまでの間で預金通帳には元本だけで1910万円が貯まっていました（60万円×8年＝480万円、110万円×13年＝1430万円の合計金額）。

平成26年5月、ハヤカさんはそのお金で投資不動産の物件を買いました。税務上は、すぐに「お尋ね書」が届くはずです。そこには「お金はどのように調達したか」といった質問事項が記載されています。そのとき合理的な説明ができないと、税務署からは「マネーロンダリング」をはじめ、お金の出所についていろいろと追及されることになります。

たとえば、ハヤカさんがインターネット通販のビジネスをやっている場合は、「売上の計上漏れ」なども疑われることになります。どうしても出所が分からないと、税務署は最後には「ハヤカさんが直系尊属（父母・祖父母）以外の誰かから、平成26年5月に約1910万円の一括贈与を受けた」として、とりあえず本税50パーセントの贈与税を課すことになる可能性が高いです。そしてさらに「犯罪性」について、長きにわたって追及の対象となります。

しかしハヤカさんは、公正証書（贈与契約書）と、贈与税ゼロの申告書控を毎年保管しています。さらに、父・翔太さんと母・エリカさんが娘への毎年の贈与について「日記」

に書いていました。そのため、本件について税務署から追及されることはありませんでした。

事例のポイント・注意点

この事例のように、誕生のお祝いとして贈与を始めるケースがよくあります。

「赤ん坊に贈与なんて、親の勝手でどうにでもなるだろう」といぶかしく感じましたか？

はい、そのとおりです。日本は法治国家。ささいな贈与も、税務署などから突かれれば、最悪の場合は裁判になります。裁判所では贈与という行為は「相続税法」に係る法律行為というわけです。

赤ん坊には「親権者（通常は親）」がいます。親権者のいない「未成年の障害者」には「未成年後見人」がいます。その手続きを踏むのが「適法」。ですから、平穏に暮らすためには、そのような法的手続きは、漏らさず行いましょう。

2 祖父から娘を親権者として孫へ

平成22（2010）年9月11日、梶原家に長男・一馬君（仮名）が生まれました。梶原直樹さん（当時43歳・仮名）と妻・絵麻さん（当時40歳・仮名）、祖父母の3世代のにぎやかな家族になりました。絵麻さんも結婚5年での子宝に恵まれて大喜びです。賃貸不動産業で長く株式会社太平を営む祖父・一之助さん（当時78歳・仮名）は、祖母・晴子さん（当時78歳・仮名）と相談して、実の娘である絵麻さんの出産記念に一馬君名義の銀行預金通帳をつくり、贈与税の非課税枠を使って年110万円ずつを贈与することにし、娘の絵麻さんに入金済みの通帳を「おめでとう」と言って渡しました。

株式会社太平には顧問税理士がおり、社長の一之助さんの個人所得や相続戦略についても関与していましたので、一之助さんは手続きや実務処理を顧問税理士に任せていました。

平成25（2013）年3月期決算が済んだころ、株式会社太平に約7年に一度の定期的な法人税の税務調査が入りました。そのとき、税務調査官が会社から一馬君宛の110万円が4回、銀行振込されていることに注目し、税務調査の立ち会いをしていた税理士に質問しました。

税理士は、一馬君の母親・絵麻さんを親権者とした毎年の贈与契約書を見せました。また経理内容としては、会社オーナー兼社長の一之助さんは多額の資金を会社に貸し付けていました。そのなかから一馬君への贈与として、会社から一之助さんへの資金返済の経理処理をしていました。

税務調査官は、それでも「実態調査」と称して、一之助さんの娘で一馬君の母親である絵麻さんに事情聴取をしたいと言うので、税理士が同伴して応じることになりました。

絵麻さんは専業主婦であり、税関係にも明るくなかったため、税務調査と聞いてオロオロしていました。税務調査官からの「通帳は誰が保管していますか?」という質問にも、絵麻さんは頭が真っ白になって、口ごもってしまいました。

そこですかさず税理士が助け舟を出しました。「調査官、実印で贈与契約書があり、そこに『保管者は梶原絵麻』と書いてあるではありませんか。実印ですよ。少なくとも『それに相違ありませんか?』と聞くべきなのでは? 相手は主婦ですし、急に財務の話を持ち掛けられたら、困るものですよ」と割って間に入りました。

税務調査官は「当然のことを尋ねただけなのに」と内心、税理士の調査妨害を感じましたが、税理士の言うとおり「預金通帳は絵麻さんが、一馬君の親権者として保管していることに間違いありませんか？」と聞き直しました。絵麻さんは税理士がサポートに入ってくれたことに安心して、すぐに「はい」と答えました。直後に税理士は「絵麻さんへの尋問はそれでよろしいですね」と税務調査官に申し出て、絵麻さんを税務調査の場から解放しました。その後も、税務調査官は本件贈与について何も言及しませんでした。問題がなかったためです。

きちんとした書類がすべて整備されていれば、本人の説明が多少下手でも特に問題はありませんでした。

事例のポイント・注意点

祖父から孫への生前の非課税贈与は、祖父から子への遺産相続と異なります。つまり、生前贈与で一世代を飛ばした「相続税の節税対策」の一つです。

富裕層の方にも、この「生前の非課税贈与」は重要な生前の遺産管理の一つです。

3 社長から愛人である従業員へ

平成17（2005）年7月、東京大田区で有限会社小川メッキを経営する小川伝兵衛さん（当時75歳・仮名）は、通常の税務調査を受けました。特殊事情として、数十年来の愛人である島本恵子さん（当時58歳・仮名）を監査役にして、社長が技術と営業を、島本さんは総務と運送を担当し、工場を切り盛りしています。社長夫人の和子さんとの間には子どもがいませんが、島本さんとの間には島本鉄也君（当時14歳・仮名）がいます。

今回の税務調査は、通常どおり売上計上漏れ、在庫品の仕入れ状況等、オーソドックスなものでした。町工場としては、島本さんがしっかり経理の仕事をしているので特に問題は発生せず、顧問税理士もあまり緊張していませんでした。

売上・仕入に問題がなかったので、税務調査の対象は、経営者の資金の流れに移りました。そして島本恵子さんに、給与とは別の「社長からの贈与」項目が元帳に記載されている点を税務調査官が目ざとく見つけました。

「これは何ですか？」と税務調査官。

「はい。私は素人なので、専門の顧問税理士先生に説明をしていただきます」と言って、元帳と社長が押印した支払伝票、贈与契約書、および毎年の社員総会議事録を調査官の前に置きました。

税理士は、資金が会社の社長借入勘定（会社が社長から借りた借金〔負債〕）から、社長への返済として、毎年110万円が、社長の指示する支払先・島本恵子さん宛てに送金されていることを説明しました。

このケースでは、会社の運営に際し、たとえば創業当時に会社に銀行借入能力がなかったので、社長が個人の資金を、会社に貸し付けていました。会社に入ったその資金の出所は、会社の経理では、社長からの借入金とします。

なお、会社への入金後はその資金は会社の資金です。会社の経理としては、たとえば仕入に出費したのであれば、仕入計上で商品を受け入れ、その代金を出費した（使った）ということになります。

社長にしてみれば、「昔行った会社に対する貸付け」を「会社から返してもらう」というわけです。その使途として、愛人の島本さんに贈与したいということなのです。道徳的にはどうかと思いますが、違法ではありませんので、個人の自由です。

会社にお金があれば、社長が会社に「お金を返してちょうだい」というのは、会社に対する背任行為にはなりません。

また税理士は、その会社としての承認証拠として、社員総会議事録にその資金移動の説明が記載されていることも陳述しました。

「社員総会議事録」とは、特例株式会社である有限会社の議事録の一つです。株式会社では「株主総会議事録」という書面にあたります。

この書面は行政書士資格を持つ顧問税理士により、毎年会社の4月決算期末から3カ月以内に作成されています。「行政書士」と記載したのは、契約書・議事録等の書類作成は弁護士法第72条で「法律事件に掛かる法律事務は弁護士の専管業務とする」旨の規定がある一方、行政書士法では「係争を予定しない法律事務は行政書士が行うことができる」旨の規定があるからです。

そのため、行政書士は法律事件（訴訟）を予定しない民法上の契約、仲介、議事録等の書類の作成を受託することが広く知られています。

しかし行政書士・弁護士以外の者が、他人の求めに応じて契約書・議事録等を作成するのは違法行為です。将来問題が発生しなければ問題ありませんが、何かの拍子でその契約文書・議事録等が裁判所の証拠書類となったとき、その作成者がたとえば公認会計士、税理士、社会保険労務士、中小企業診断士などであれば、「証拠書類の違法性」が問題になり裁判を左右することもありえます。税理士等が安易に議事録等をつくっているのを見かけますが、留意すべき点です。

事例のポイント・注意点

お金持ちの社長さんが愛人に財産を分与したいという話は、道徳的な善し悪しは別として、経済事象としては、よくある話です。

一夫一婦制のわが国では愛人への遺産分与は、相続税の2割加算という税額加算の規則があります。しかし、この事例の方法ならば、適法に非課税贈与ができます。

それはさておき、会社法上、会社と役員との取引その他の重要と思われる取引は、取締役会、または株主総会の決議が必要です。

4 子どものいない伯父さんから姪へ

平成24（2012）年7月、大手商社の株式会社ABCに勤める柿村隼人さん（当時

60歳・仮名）は、妻・洋子さん（当時41歳・仮名）との間に子どもがいないことから、妻と相談して妻の弟で地元スーパーの契約社員である吉田房雄さん（当時39歳・仮名）の長女・杏里ちゃん（当時5歳・仮名）に、毎年60万円から110万円までの余裕金を贈与して、さらに妻と吉田家との信頼が一層増すことに成功したときは、できればその妻の老後の面倒をみる手助けをしてもらいたいことを伝えました。

生活も裕福で、弟・房雄さんとの仲もよい洋子さんも異議なく、房雄さんに相談したところ、後のことは分からないが、仲よくすることはよいことだと、条件なしの贈与であればよいということになりました。

贈与者の隼人さんは早速贈与契約書を作成し、受贈者の杏里ちゃんの親権者として房雄さんに贈与契約の代理人になってもらい、通帳を房雄さんにつくってもらって、その管理を房雄さんの妻・佳代さん（当時32歳・仮名）にお願いすることにしました。

第1回は杏里ちゃんのお誕生日会として、吉田家の家族を柿村家が招待し、平成24年10月1日夕方5時から6時半にかけて、料亭で食事会を開きました。その席上、贈与契約の話を共有し、名目上、杏里ちゃんの成長を見守る親族の会として、楽しく過ごしました。隼人さんが杏里ちゃんの通帳に振り込んだ110万円の振込票の写しと、贈与目録を杏里ちゃんに手渡しました。ちょっとした「連年贈与の贈呈記念式」となりました。隼人さんは両家で話に花が咲き、楽しい時間を過ごせたことに満足し、記念写真を撮ってアルバムに残すことにしました。

杏里ちゃんや親権者の署名捺印、贈与理由等の記入等がされた贈与契約書を、後日隼人さんは公証役場に持っていって「確定日付」を取りました。そうすることで、どんなに時間が過ぎても「そのとき」の記録であったことが証明できるのです。さらに会社で付き合いのある税理士に頼んで、税務に明るくない吉田家の人たちに代わって、杏里ちゃんの贈与税の「ゼロ申告」もお願いしています。

事例のポイント・注意点

柿村隼人さんの贈与とその贈与契約、およびその付随的な配慮は、とてもしっかりしていて、何十年後までも証拠として残る資料としては申し分のないものです。何らかの問題で連年の贈与が、定期贈与契約で何十年後かに一括贈与とみなされるリスクが表面化したとき、この長年にわたる平素の「証拠保全」はきわめて決定的な証拠能力を発揮します。長い期間の証拠保全は、柿村家と吉田家の親睦を深める楽しいイベントとして「習慣化」するのがよいでしょう。また、子どもの成長日記に連年贈与の話題を記載しておくこともよいでしょう。日記保存が節税対策にもなるのです。

5 夫から妻の前夫が扶養する子どもへ

平成25（2013）年6月、バツイチの近江正平さん（当時65歳・仮名）は、バツイチの紀香さん（当時35歳・仮名）と再婚しました。紀香さんは、すでに離婚訴訟で長男・新次郎君（当時3歳・仮名）の親権を前夫・小出翔太さん（当時32歳・仮名）に譲る契約が成立していました。

株式会社近海魚貿易の社長である正平さんは、財政的には余裕があります。社長秘書として勤めていた期間も含めて紀香さんとは10年以上の付き合いになりますが、2人の間には子どもはいません。正平さんは紀香さんの心情を考えて、妻にとっては実子である新次郎君のために、継続的に資金を送るのがよいのではないかと考えました。

正平さんは紀香さんと相談したのち、弁護士を通じて、小出翔太さんを親権者として新次郎君に無償の贈与契約を申し出ました。小出翔太さんは当初「何か狙いがあるのではないか」と疑い、対応せずにいました。しかし弁護士に相談した結果、「贈与に関する受入側の条件がまったくないのなら問題ない」ということになり、受け入れました。

その後の手続きとして、当事者は後日の備忘のため、次の内容の合意書を作成し、各人が一通ずつを所持することとしました。

弁護士は、関係者の行動計画を次のように設定し、各人に通知しました。各人も、次の計画を実行することで合意しました。

(1) 連年贈与の送金

毎年小出新次郎君の誕生日の直前に、近江正平さんは小出翔太さんに連絡のうえ、小出新次郎君の銀行口座に１１０万円を送る。

(2) 贈与式典の開催

①行事内容

近江正平さんは、委任状を紀香さんに託して、小出翔太さんから「毎年の成長報告」を事前に受け、その内容から特に印象深いエピソードを選んで、小出新次郎君の成長を祝う「手紙」を、手渡すことにする。

②場所

小出翔太さんの友人が経営するイタリアンレストランとする。

③日時

誕生日近辺で、連年贈与の送金後で設定する。詳細日時は関係者で連絡し合う。

④出席者

小出新次郎、近江正平（または委任状出席による近江紀香）、小出翔太

⑤式典費用

各自負担とする。

(3) 連年贈与の証拠書類の作成および保管

①近江正平が作成および管理を行い、所要の押印は各関係者が行う。

②贈与税申告は、近江正平の顧問税理士が行う。

③小出新次郎君の負担となるべき事務費は、近江正平が贈与する。

④その追加の贈与額の申告は、小出新次郎君が行い、納税する。ただし実務はすべて、近江正平が指名する税理士が代理する。

⑤3歳の小出新次郎君には、名前の書き方を教えて、贈与契約書面に署名させる。

⑥当事者（親権者を含む）は、贈与書面に署名押印する。

⑦当該贈与書面は、公証役場の「確定日付」を取る。

※公証役場で付与される確定日付とは、公証人が私書証書に日付のある印章（確定日付印）を押捺した場合のその日付をいいます。その日付が押印された私文書は、その日に存在したことが公的に証明されます。なお、110万円の贈与書面の手数料は「公証人手数料令」で7000円です。

⑧通帳保管

小出新次郎君の銀行口座は、親権者の小出翔太が保管する。

※贈与契約書には、「小出新次郎君は、いつでも使いたいときは親権者の同意を得て、使える」ことを記載する。

事例のポイント・注意点

新次郎君の親権者は、近江正平さんではなく、小出翔太さんです。新次郎君が「受贈者」の贈与契約については、あくまで「親権者」である小出翔太さんの署名・押印が必要です。法律外の話ですが、お金持ちの近江正平さんが「お金で小出翔太さんを傷つけない」ように配慮するのが、近江正平さんの機微あるやさしさだと思います。その橋渡しを翔太さんの元妻・紀香さんができるといいですね。

6 夫から妻の連れ子へ

平成27（2015）年1月、個人経営のレストラン「樹海の豚肉丼」を運営する北畠邦人さん（当年68歳・仮名）は、後妻の好子さん（当年40歳・仮名）の連れ子である友之進君（当年4歳・仮名）に当初戸惑っていました。好子さんとは夫婦関係にあるものの、子どもとは何の関係もないと考えていたからです。

しかし邦人さんは、事業承継の適齢期である68歳。顧問税理士からも「後継者選び」を強く促されていました。税理士から次の4つの事業承継の方法を指導されました。

(1) 相続（血縁へ相続する）
(2) MBO（従業員へ事業を売る）
(3) M&A（他人へ事業を売る）
(4) 廃業（店をたたむ）

邦人さんは、「血縁」にこだわっていましたが、子どもがいないうえ、事業承継のタイムリミットも迫っています。そこでこの際、妻の好子さんに店を継がせようと考えました。将来は順調に行けば、妙子さんの連れ子の友之進君が、母の後を継ぎ、邦人さんも含めて家族で店を経営していけます。そこで邦人さんは考えを変えました。

将来は邦人さんは友之進君を養子にすることも視野に入れ、顧問税理士の助言を受けながら、「連年110万円」の非課税贈与をやろうと決めました。月10万円弱であれば、邦人さんにとってそれほど負担にはならず、またお互いの関係を深めるすべにもなるのではないかと考えたのです。顧問税理士がついていたので、その事務手続きに抜かりがなかったのは言うまでもありません。その手順は次のようにしました。

⑴ 親権者の妙子さんに、友之進君の銀行口座をつくらせる。

⑵ 邦人さんは、クリスマス時期に、110万円を友之進君の口座に振り込む。

⑶ 翌年正月早々に、店の休暇を利用して、友之進君、親権者の妙子さん、それに邦人さんの3人で、友之進君の過去1年の出来事のなかから、素晴らしかった思い出を相談して選び、「友之進君、今年の思い出ベストワン」として記録することにした。

記録は「アルバム」を使い、そのなかに「1年間の思い出の写真」を貼り、皆でコメントを書き込みます。また「贈与契約書」もそのアルバムに織り込むことにしました。

もちろん、贈与契約は、贈与者・邦人さん、受贈者・友之進君、その親権者・好子さんが、それぞれの立場で署名押印することにしました。また贈与のイベントとして毎回、贈与目録を渡している写真も撮ってアルバムに貼ります。

友之進君のように未成年者との贈与契約は、親権者が同席して署名押印します。事実認定が大切ですので、４歳の友之助君にも署名押印させます。法的には「親権者が代理する」となっているため、友之進君は記名押印でもよいです。

この事例の場合の贈与日は、１１０万円を振り込んだ「前年のクリスマス時期」となります。万が一、その年分（1月から12月）に友之進君が、邦人さんから１１０万円以外に、贈与を受けていたとすると、その金額は合算して贈与税の申告をすることになりますので、注意が必要です。

また邦人さんが、友之進君を養子縁組した場合は、養子の親権者が邦人さんになります。親が未成年の子（養子）に贈与する場合は、利益相反がないので、法的には書面がなくても、子（養子）の意思にかかわらず、贈与契約は成り立ちます。もっとも本件のように、「贈与契約」の事態装備が問題になるときは、物理的に証明できる証拠が不可欠です。

7 父から外国へ渡った息子へ

松波昭五郎さん（当年56歳・仮名）は、長く黒字経営が続く乾物問屋の株式会社アメリケンを営んでいます。長男・藤五郎さん（当年31歳・仮名）は、平成27（2015）年1月、国籍は日本に残しましたが、現地人の女性と結婚して、アルゼンチンに移住しました。昭五郎さんは、藤五郎さんへの思いが断ち切れません。

親の愛情をどうにか伝えたいと昭五郎さんは悩み、税理士に相談したところ、「継続的に愛が届く、年110万円の連年非課税贈与はどうですか？」と助言を受けました。

昭五郎さんが国内に住所がある場合、藤五郎さんへの贈与は、財産が国内外のどこにあるかを問わず、さらに藤五郎さんの住所・国籍を問わず、すべて日本国の贈与税の対象になります。国内の財産については、たとえ昭五郎さんが、外国に住んでいても、日本の贈与税制の対象というわけです。

ただ、国外財産については、親子ともに、5年を超えて、国外に住所がない場合、贈与税の対象として埒外に外れます。例えば内国法人を、外国法人にできれば、どうでしょうか？　その法人は外国法人となり、その法人の財産は国外財産として認識されます。

さらに、その法人の株主が、日本に5年を超えて住所がない昭五郎さんの株式だとすれば、その株式は、日本の贈与税の埒外（ルビ；らちがい）に置かれます。この点は、日本国の贈与税の「盲点」として、今後ひょっとして、5年超の期間を掛けた大型節税が起りうる唯一の節税領域だといえます。

庶民には、ため息が出そうな話です。本書は庶民の方を想定していますので、このような超富裕層の方の話は、ただの息抜き話としていただければと思います。

連年非課税贈与では、藤五郎さんには日本国籍があり、昭五郎さんは、国内の財産（資金）を贈与するので、日本国内で生活していなければならないという縛りはありません。藤五郎さんについては、贈与税の課税対象になるのは日本国内の財産です。その意味で、日本の贈与税の納税義務者であるため、非課税贈与の特例は適用されます。

昭五郎さんは毎年、贈与税の非課税枠いっぱいの年110万円を藤五郎さんに送ろうと考えました。早速、110万円を送金するよう税理士に手続きを指示しました。すると、「ちょっと待ってください」と税理士が言いました。

「一度に100万円以上を送ると、税務署に記録されるんですよ。税務署に把握されてもまったく問題はないのですが、『100万円以上は情報を捕捉して後々の調査資料にする』と税務署が言っているのですから、税務の常識論として、それを避けたほうが無難ではないですか?」と税理士は昭五郎さんに忠告しました。
そして50万円ずつを2度に分けて送金する方法を提案しました。

コラム5

贈与税の納税義務者の範囲

受贈者が、財産を贈与されたときに「国内に住所あり」の場合、その課税関係は、贈与者の国籍を問わず、受贈者は「㋑居住無制限納税義務者」として、所在地を問わずすべての贈与財産に日本の贈与税制が適用になります。

「㋺非居住制限納税義務者」「㋩制限納税義務者」は贈与者・受贈者が各々どこに住んでいるか、贈与財産がどの国内にあるかどうかにより、課税の有無が決まります。

各納税義務者の住所地の区分と、贈与税課税の有無は次のとおりです。

また、海外送金の贈与の場合、贈与者・受贈者の要件によって次のとおり贈与税の課税は取り扱われます(**表4-1**)。

国内外の贈与税の課税区分

㋑居住無制限納税義務者

贈与による財産取得時に次の贈与者から、贈与を受けた次の受贈者は、日本国内・国外の財産を問わず、贈与税が課税されます。ただし、受贈者の住所が日本国内にあっても日本国籍がない場合は、贈与者の住所が国内にあるかどうかを問わず、贈与財産はすべて課税対象となります。つまり、国際贈与としては対策なしといえます。

・贈与者：国籍を問わず、国内に住所がある者

・受贈者：日本国籍があり、日本国内に住所がある者

㋺非居住無制限納税義務者

次の贈与者から、贈与を受けた次の受

表 4-1　贈与税の納税義務者の範囲

<table>
<tr><td colspan="2" rowspan="2">受贈者
贈与者
（国籍を問わない）</td><td colspan="2">日本国籍あり</td><td>日本国籍なし</td></tr>
<tr><td>5年以内の
国内住所あり</td><td>5年超の間、
国内住所なし</td><td>国内住所なし</td></tr>
<tr><td colspan="2">国内住所あり</td><td colspan="3">㋑居住無制限納税義務者（国内および国外財産）</td></tr>
<tr><td rowspan="2">国内住所
なし</td><td>5年以内に
国内住所
あった</td><td colspan="2">㋺非居住無制限納税義務者
（国内および国外財産）</td><td>㋺非居住無制限納税義務者
（国内および国外財産）</td></tr>
<tr><td>5年超の間、
国内住所なし</td><td>㋺非居住無制限納税義務者
（国内および国外財産）</td><td>㋩制限納税義務者
※国際戦略領域
（国内財産のみ）</td><td>㋩制限納税義務者
（国内財産のみ）</td></tr>
</table>

※国際戦略領域とは、「生前贈与」による日本国内にある財産の国際相続対策が、実践的に可能な領域を指しています。上記の表から考えて、この枠内（領域）しか適法になる可能性のある相続対策の領域はありません。

贈者は、日本国内・国外の財産を問わず、贈与税が課税されます。松波さん親子の事例はこれに該当します。

・贈与者：国籍は問わず、今、日本に住所がなくても、過去5年以内に住所がある者または5年超の間、国内に住所がない者

・受贈者：日本国籍があり、5年を超えて国内に住所がない者または5年以内に国内に住所がある者

㊁制限納税義務者

次の贈与者から、贈与を受けた次の受贈者の場合、国内財産の贈与を受けた場合のみ、贈与税が課税されます。

・贈与者：国籍を問わず、5年を超えて国内に住所がない者

・受贈者：日本国籍があり、5年を超えて日本に住所がない者または日本国籍がなく、国内に住所がない者

つまり、現金については、民法上動産と解されるので、その現金の所在地で判断されます。送金した場合は、贈与契約の履行として送金手続きが取られたと解され、日本国内の財産が贈与されたことになります。

当該事例について、父・昭五郎さんは今は外国に住所があっても、過去5年以内には、日本国内に住所があり、長男・藤五郎さんは日本国籍があるため、この場合藤五郎さんは「㋺非居住者無制限納税義務者」となり、財産の所在が日本国内・国外かを問わず、贈与を受けた場合は贈与税が課税されます。

もし、受贈者・藤五郎さんに日本国籍がなく、国内に住所がなければ、贈与者・昭五郎さんが藤五郎さんに国外財産を贈与した場合には、贈与税は課税されませんが、国内財産を贈与した場合は課税されます。

コラム❻

国際租税回避戦略

この話は、富裕層の相続税戦略なので、一般の方には単なる面白い話にすぎません。

表4-1で「※国際戦略領域」と記した領域に限って「㋩制限納税義務者」は、表に示した規制を外せば、たとえ「大型節税」であっても戦略設定が可能です。

ポイントは住所です。贈与者・受贈者双方の住所地、家族の居所、職業の実態、資産の所在地などを総合判断します。安直な「でき心」ではとてもむずかしいです。

平成29年からは、OECD（経済協力開発機構）も絡んで世界的な租税回避行為がチェックされます。つまり、非居住者の金融機関（銀行・証券・保険）を通じ、すべての金融口座情報の国際的な相互自動通報が始まります。日本では5000万円超の国外財産に対しては、「国外財産調書制度」もすでに平成26年から始まっています。

租税回避はコストが掛かる行為になり、勝敗は別ですが訴訟リスクも高いです。あなたにその覚悟はありますか？

事例のポイント・注意点

贈与者の国籍を問わず、受贈者の住所が国内にあれば、贈与された財産の国内外を問わず、贈与税が課されます（**表4－1㋑**）。受贈者および贈与者の住所が国内にない場合、贈与時に「国内に住所なし」であれば、国外財産については、贈与税は課税されません（**表4－1㋩**）。

8 娘から母へ

平成25（２０１３）年11月4日は、相川トシ子さん（当時80歳・仮名）の誕生日。その娘で、大手デパートの接客担当執行役員に抜擢された寿美子さん（当時44歳・仮名）は、母親の老後をもう少し生活水準を上げて豊かなものにしたいと決心しました。

トシ子さんはいわゆるシングルマザーで、苦労して寿美子さんを育てました。寿美子さんは、その恩返しをしたかったのです。

そこで寿美子さんは平成25年は誕生日のお祝いに、自分の銀行預金口座から母親の郵便貯金口座に１１０万円を送金しました。そしてその夕方、以前から予約しておいた高級レストランにトシ子さんを招待して、自分が会社で執行役員になったこと、それから、これからも元気できれいにいてもらうため、母親自身のために自己投資をしてほしいことを伝え、連年贈与の話をしました。

トシ子さんは最初「そんなの必要ない」と言って拒否していましたが、寿美子さんの熱心さに打たれ、「その気持ちをありがたくいただこう」と考えを変え、了承しました。

実際に毎年贈与するにはどのように行うのか、順序立てて説明します。

(1)「タダであげます」「はい、いただきます」という双方の贈与意思の確認

これは、娘から母への贈与においても該当します。どちらかが欠けると贈与契約は不成立です。民法549条では「書面で」とは書いてありません。しかし「契約存在」の証明は納税者側（この場合母）の責任ですので、税務署から「証拠がない」と言われないように、証拠は客観的な方法で残す必要があります。

(2) 贈与契約書を毎年作成

贈与は現金で行うのではなく、必ず受贈者の銀行口座に振り込みします。贈与者の名前が電子記録されるため、証拠となります。また、長い年月が経つと通帳を紛失する場合が多いため、通帳のコピーを取り、保管しておきます。なお、証拠の作成・保管は、高齢の母親に代わって娘が行います。

その内容は、受贈者の贈与年分の贈与者に対する「貢献感謝状（健康でいてくれたことへの感謝）」としました。

せっかく、贈与記念の小パーティーを開くのですから、「今年はなぜ贈与するのですか」という質問に対する「答え」は毎年、考えておくのが常識です。

(3) 贈与小パーティーの開催

しっかりした「証拠保存戦略」として、このパーティーの開催をお勧めします。パーティーは、母娘2人での小規模な食事会でも構いません。

(4) 贈与アルバムの維持・管理

贈与パーティーの様子を写真に撮り、アルバムに貼りつけます。また、開催日時や場所、目的等のコメントを、アルバムに「添え書き」しておきましょう。

(5) 贈与税申告

贈与税がゼロ円でも、ぜひ証拠書類の一つとして贈与税申告をしましょう。申告期間は、毎年2月1日から3月15日までです（曜日によって、日程は多少変動します）。

事例のポイント・注意点

普通は、祖母から子や孫への非課税贈与による資産移転が話題になりますが、このケースは逆です。娘から母親への感謝の気持ちとして、連年110万円を贈与しています。

この場合も、贈与税の連年贈与で年110万円の非課税枠は使えます。

この「110万円非課税枠」は、直系尊属から子・孫に対する贈与という「縛り」はありませんので、この事例のように「逆贈与」でも適用されます。

直系尊属とは、父母・祖父母等のことです。つまり、自分より前の世代で、家系として直通する系統の親族のことで、養父母も含まれます。叔父・叔母、配偶者の父母・祖父母、兄弟・姉妹、甥・姪、子の配偶者は含まれません。

第5章

連年非課税贈与を成功させるためのポイント

本章では、連年贈与を成功させるポイントを詳しくみていきます。

1 「相続財産はずし」で相続税を節税する

両親・祖父母から子や孫らへの「110万円連年贈与」は、年数が多いほど、非課税金額が累積され、将来の相続財産を大きく減額させる効果があります。これを「相続財産はずし」といいます。

その大きなメリットを得るために必要なのは、ここまでお話しした次のことです。

・毎年の贈与契約書

※44ページの贈与契約書のひな型にある項目・内容を入れること。

・贈与を受ける子や孫らが「もらう」「もらった」という意思の表明をすること。

・その子や孫が未成年の場合は親権者がその代理をし、代理手続きをすること。

・さらにその子や孫、ないしはその親権者が、実際にもらった財産（お金）を使える状態で通帳を自己管理（保管）すること。

実際に、非課税贈与を毎年実施するとなると、たいていの人はおっくうに感じるものです。しかし、今後の相続税の増税を考えると、被相続人の財産から「相続財産はずし」を進めることは重要です。

また110万円連年贈与による相続対策でなくても、第6章でご紹介するNISAの80万円連年贈与や結婚歴20年以上の配偶者（夫または妻）への居宅2000万円贈与、子や孫への教育費1500万円の一括贈与、子や孫への結婚・子育て資金の一括贈与、子や孫への大型の住宅取得等資金贈与なども同様の効果を生みます。

連年非課税贈与によってどれだけの相続財産はずしができるのか、具体的に見てみましょう。

事例

年110万円の連年非課税贈与の計画

化粧品輸入販売会社の会長である斎藤泰三さん（当年62歳・仮名）の財産の取得価額（相続税評価額）は約15億円（20年後の評価額も15億円と仮定）。一人息子の良一さん（当年38歳・仮名）は代表取締役として経営を切り盛りしています。斎藤家は泰三さん夫婦と良一さん夫婦と子ども3人の7人家族です。

泰三さんは息子夫婦と孫の計5人に、「仲よく家族で暮らせることへの感謝」という名目で、それぞれに110万円を連年贈与することにしました（つまり、合計年550万円）。

証拠保存のため、税理士立ち会いのもと、「贈与記念食事会」を催し、費用の7万円は泰三さんが支払いました。これは家族の通常の生活費と考えます（家族への贈与に該当しない）。

平成27年改正法適用で、泰三さんの相続税は、配偶者（妻）と子の法定相続人2人で最高税率55パーセントが適用されることになります（**第1章表1-2**（16ページ））。

以下は、推定被相続人を斎藤泰三さん、推定相続人を妻と子の2人とした場合の事例です。この事例から、節税効果を検証してみましょう。

⑴ **相続タックスプランニングのための情報整理**

・泰三さんが、息子夫婦と孫3人に毎年110万円を贈与する（年110万円×5人＝年550万円）。⇓これにより、毎年550万円が泰三さんの相続財産から外れます。

・法定相続人は、妻と子の2人です。

(2) 節税額の相続シミュレーション（連年贈与開始から20年後に泰三さんが死亡したと仮定）

【相続財産はずしをしなかった場合】

・泰三さんの死亡時の相続財産は15億円（仮定）⇓遺産総額15億円に係る課税相続財産価額を10億円と仮定すると、相続税額は3億9500万円となります。

【相続財産はずしをした場合】

・今後20年間、毎年550万円（1人につき110万円×5人：息子夫婦、孫3人）の連年非課税贈与の手続きが適法に行われた場合⇓1億1000万円（550万円×20年）が相続財産から外れます。これにより、相続税が減ることになります。

(3)「相続財産はずし」をしなかった場合の相続税額の計算

被相続人が平成47（2035）年に死亡し、相続人は妻と子の2人を想定します。

①相続税の課税対象の合計額は、10億円と仮定します。

②基礎控除4200万円（**第1章表1-1**（13ページ））となります。

③相続税の総額は、3億9500万円（①と②を基に、㋑～㋩のとおり計算します）となります。

㋑基礎控除後の課税遺産総額は、10億円－4200万円＝9億5800万円

㋺右記㋑を、法定相続人2人で、法定相続分（2分の1ずつ）に分けます。

妻：4億7900万円、子：4億7900万円

㋩相続税の総額を求めるため、㋺の各々の取り分に相続税率を掛け、その後に各々分（算出税額）を合計します。

(i)妻：4億7900万円×50％－4200万円＝1億9750万円

(ii)子：4億7900万円×50％－4200万円＝1億9750万円

(iii)妻と子の合計額＝3億9500万円

㋥各々の納付すべき相続税額は次のとおりとなります。

(i)妻の相続税の納税額＝0円

なぜなら、相続税法上の「配偶者の税額控除」という制度があり、配偶者の正味取得遺産額が次のどちらか多い金額までは、配偶者に相続税は掛からないためです。

・1億6000万円

・配偶者の法定相続分相当額

そのため、この場合は1億9750万円全額に配偶者の税額控除が適用されます。

(ii)子の相続税の納税額＝1億9750万円

もし「連年贈与の非課税対策」が採られていたとしたら、右記の相続財産10億円から、連年非課税贈与額1億1000万円（年110万円×5人×20年）が適法に、除外されたとすると、課税遺産総額は8億9000万円に減ります。

この減少による効果としては、相続税額は右③の㋩と同様の計算式により、1億1000万円の50パーセント分（5500万円）が、相続税の計算の過程で減少したことになります。

しかも配偶者の税額控除で、配偶者の納付する相続税額は、節税効果としては帳消しになります。したがって最終税額としては、法定相続分で妻と子が遺産相続したとすると、子の分としての2750万円しか相続税は減りません。

この2750万円の検証としては、次の算式で確認できます。

⑴10億円－1億1000万円＝8億9000万円

（相続財産はずしをした「連年非課税贈与した」場合の課税対象額）

⑵8億9000万円－4200万円＝8億4800万円

（基礎控除額を差し引いた金額）

⑶8億4800万円÷2＝4億2400万円（法定相続分に分けた金額）

(4) 4億2400万円×50%－4200万円＝1億7000万円（相続税の算出額）
(5) 1億9750万円－1億7000万円＝2750万円
（相続財産はずしをしなかった場合と、した場合の相続税額の差額）

それにしても、2750万円の節税は、20年にわたる節税対策の効果として「大きい」といえると思います。

このように、斎藤家にとっては推定相続税率が高いので、この連年非課税贈与による「コツコツ対策」は相続税の対策効果がてきめんです。斎藤家のような財産を持っている方は少ないと思われますが、一定の節税効果は見込めるでしょう。

2 贈与契約書の締結は、毎年の楽しい贈与食事会で

連年非課税贈与では、贈与契約書の存在がとても重要だと繰り返しお話ししてきました。贈与契約書がないと、どのようなことになるのかを具体的に見ていきましょう。

贈与契約書がなかった場合

東京都大田区で特殊ネジをつくる会社の社長を務める川端和馬さん（66歳・仮名）。従業員18名、毎年4000万円前後の営業利益を上げる優良企業です。

ただ、経理を一手に引き受けていた妻（享年47歳）が、3人の子どもを残して4年前に他界したことで、会社の経営管理面はガタガタ。副社長の長男・暢人さん（26歳・仮名）が経理を担当していますが、営業畑なのでうまくいっていません。長女は16歳、次男は11歳。社長の和馬さんは、長男の嫁で2歳児と0歳児の子育て中の由希さん（25歳・仮名）に家事を任せている状態です。

平成22（2010）年3月期の決算が好調で、会社に預金残高が多すぎる旨を税理士から指摘されました。会社に現金残高が多すぎると、経営指標となる総資産回転率（総資本回転率）が悪化するというのです。その数値は、年商を総資産額で割って算出します。会社の収益性を測る基本的な指標の一つで、事業に投資した総資産がどれだけ有効に活用されたかを示します。ちなみに平均値は、中小企業庁の平成13（2001）年の調査によると建設・製造業で2〜3回、卸・小売業で5〜6回です。余分な現預金は有効に使い、使い道がなければ借金返済や配当に充てなさい、というわけです。

和馬さんは早速、この余分な現預金の使い道をどうしようかと考えていたところ、友人から「110万円連年贈与は贈与税が掛からないから、毎年家族に生前贈与すれば、相続財産が減る」との話を聞きました。

税理士に相談もせず、平成22年6月、和馬さん自らが取引先の信用金庫に頼んで、長男の嫁・由希さんに孫2人の預金口座の開設を依頼しました。手続きとして由希さんの口座開設には親権者・暢人さんの承認が必要ですが、暢人さんも社長の指示として承認しました。

この毎年110万円の贈与の経理処理としては、和馬社長が会社に貸した資金を返してもらうだけだと考えました。しかし現場の経理では、社長から会社への貸付金は、古くから領収書なしの出費（不明金）の処理に充てられており、和馬社長からの借入金はありませんでした。

その後、和馬社長は会社の当座預金の小切手を使って660万円を自分の個人口座に移し、7月上旬、自分の口座から長男夫婦と2人の孫、長女、次男に、それぞれ110万円ずつ計660万円を振り込みました。

社長は家族に振込の連絡もほとんどせず、とにかく「預金残高の移動ができればよい」と考えていました。それから平成26（2014）年までの5年間、毎年3月に同じ方法で家族にお金を振り込みました。

その間、税理士事務所は決算に際して、何度も「社長への貸付金として経理し、その利息も取ること」を指示しましたが、会社は、社長からそのうち説明があるはずと判断し、仮払処理としていました。

税理士は、試算表の取りまとめの段階で、仮払金勘定を、やむなく社長の振り出した小切手は、会社から社長個人に貸し付けた「社長貸付金」勘定で処理しました。社長が個人的に小切手を振り出して、会社の預金勘定を減らしました。そのお金は、社長としては会社に返済しなければならないお金で、返済予定の計画を会社に提出すべきです。それをしていなかったということになります。

平成26年7月、会社に法人税の税務調査が入りました。貸付金を指摘された社長は「いったん社長自身の口座に移し、経理証拠は明確にした。それを相続対策のため、毎年110万円の非課税贈与にしただけ」と弁明しました。

税務調査官は、それ以上突っ込んだ質問はしませんでした。税理士は「貸付処理」をしたまま、資金使途について5年間も放置した非が表沙汰になるのを恐れ、黙っていました。

後日、税務署は税理士宛てに修正申告を迫りました。

「年660万円、5年で3300万円。社長貸付とあるのは、社長の意思で家族に贈与したものであり、社長から会社には返金が予定されていなかった。よって社長の認定賞与となります。また、この役員賞与は法人税の計算上は否認されますので、法人税等の計算上も益金（利益）に加算されます。加算税も加わりますのでご了承ください。

なお、資産税部門からの連絡として、ご家族に社長が贈与したとおっしゃる5年間6人に各々110万円ずつの非課税贈与は、贈与の時期が毎年同じで趣旨は明確でなく、贈与契約もありませんでした」

和馬社長の孫のための由希さんの口座開設については、父親である暢人さんが口座開設時に信用金庫から指示されて「親権者」欄に押印はしましたが、実際は和馬さんの独断で段取りしたことでした。そのため、暢人さんは何の疑問も抱かずにいました。そして、和馬さんは「祖父は孫の親権者になれる」を誤認し、預金口座の管理について親権者の手続もしていませんでした。

このように自己流の贈与を進めた結果、最悪な事態を招いてしまいました。

結局、5年間で贈与された各々への550万円（110万円×5年）が「平成26年3月に定期贈与として一括贈与されたもの」と判断されたのです。

平成22年度の契約時点での「定期贈与契約」として、各自30パーセントの税率による贈与税145万5000円（〔550万円－控除額65万円〕×30％：一般税率適用の例）が追徴されることになります。平成22年度の贈与税として納付することになります。

なお、この定期贈与契約というのは、この場合、550万円を5年間に分割して支払う（給付する）という考え方によるものです。

この場合の贈与税の計算式

(1) 贈与税の課税価額：440万円（550万円－基礎控除110万円）

(2) 贈与税額：112万5000円（(440万円－控除額65万円)×30%）

（贈与税の速算表は**第2章 表2-1**（49ページ））

社長は税理士に詰め寄りましたが、会社側が税理士の問い合わせにまったく対応しなかったうえに、社長は個人所得の申告は自分でやっているので、税務調査は追徴金を支払うことで決着しました。

追徴金とは、贈与税の税務調査等で税額が発生する場合に掛かります。期限後申告をしたり、贈与税額の決定を受けたりすると、申告等によって納める税金のほかに無申告加算税（税額に応じて加算される税金）、延滞税（利息に相当）が課されます。

贈与契約書があった場合

今泉雅夫さん（71歳・仮名）は不動産業を営む個人事業者です。平成21（２００９）年度から、税対策に強い税理士の指導を受けて、年１１０万円連年贈与の非課税制度を利用しています。

雅夫さんの家族構成は**表5－1**のとおりです。贈与記念の式典として、毎年近くのレストランで食事会を開き、それぞれの家族に雅夫さんは贈与理由を付して１１０万１０００円を贈与し、その管理を顧問税理士に依頼しています。

連年贈与の記録は大変重要ですので、次のような詳細な記録を保管しています。その内容を掲載しますので、参考になさってください。

食事会は、次の流れで進めます。立会人（税理士ら）はこの食事会が法的な要件を充足するように進行を管理します。

(1) 今泉雅夫のあいさつ（受贈者への贈与表明）
(2) 各受贈者の贈与を受ける旨、および感謝の意の表明

表 5-1　年 110 万円連年贈与の記念式典の詳細記録

開催日：平成 21 年 12 月 24 日
場所：東京都千代田区有楽町 10 丁目「焼肉××苑」
予算：1 人あたり 5,000 円
立会人：顧問税理士、妻・典子

出席家族	続柄	贈与金額	贈与理由（貢献事由）	備考
雅夫（71 歳）	本人			贈与者
典子（70 歳）	妻			立会者
勝家（41 歳）	長男	110 万 1,000 円	生業への貢献	
愛里（36 歳）	長男の妻（子の親権者）	110 万 1,000 円	出産祝い	
里香（8 歳）	孫（長女）	110 万 1,000 円	学業勤勉	
由里（6 歳）	孫（次女）	110 万 1,000 円	お母さん孝行	
雅彦（0 歳）	孫（長男）	110 万 1,000 円	生誕祝い	
勝也（39 歳）	次男	110 万 1,000 円	兄との協調	
知奈（39 歳）	次男の妻（子の親権者）	110 万 1,000 円	出産祝い	
一成（18 歳）	孫（長男）	110 万 1,000 円	進学祝い	
一哉（16 歳）	孫（次男）	110 万 1,000 円	学業向上	
一彦（0 歳）	孫（三男）	110 万 1,000 円	出生祝い	
雅夫さんが贈与した合計金額		1,101 万円		

(3) 各親権者の手続き表明
(4) 贈与契約書への各々の署名捺印（親権者を含む）
(5) レストラン店長らのあいさつ
※第三者を入れることにより、記録として客観性を持つため、非課税贈与の記録として役立ちます。
(6) 記念写真の撮影
(7) 解散

次の各書類は税理士が整備し、各人の長期保存に備えます。
(1) 贈与契約書（各受贈者分）
※未成年者は親権者の添え書き、署名捺印。
(2) 記念写真

次の各書類は各自が保管します。
(1) 各自アルバム（長期保存用）
(2) 食事会参加の領収書（支払者名入り）

※税理士があらかじめ貼付台紙を用意。お店は通常領収書を発行し、割り印を押印。

(3)各自110万1000円の「贈与税申告書」控をアルバムに貼付。

(4)(3)の贈与税100円を各自納付し「贈与税納付書」の控をアルバムに貼付。

3 「あげます」「いただきます」の意思の相互確認

贈与契約書の有無と同時に、贈る側・受け取る側の双方が金銭等の授受について了解する必要があります。贈る側がこっそり作成して保存しているだけでは、非課税贈与の恩恵を受けることはできません。前述の今泉家のように、食事会を開いて贈与契約書を読み上げることで、意思の確認は容易に実行できます。

次に挙げる事例は、110万円の連年非課税贈与のことをよく調べずに、相続対策に有効そうだと思って実践した親子の話です。

平成13（2001）年2月、「連年の非課税贈与110万円」についての知人の話を聞きかじっただけで、資産家の山田寅次郎さん（当時55歳・仮名）は妻の妙子さん（当時32歳・仮名）に、一人息子の健太郎君（当時4歳・仮名）に毎年「うまい具合に」非課税贈与をするよう命じました。

「うまい具合に」というのは、110万円を贈る名目を今年は誕生日祝い、翌年は進級祝いというように、そのときどきの時期にそれらしい理由をつけて、妻に指示しました。

妻もそれぞれ異なる「それらしい理由」に関して、「そういうものなのか」と納得し、健太郎君の通帳を言われたとおりの処理をしてつくり、毎年110万円が貯まっていきました。しかし当時4歳の健太郎君には知らせず、通帳は夫婦の寝室にあるデスクの引き出しに入れていました。その後10年にわたって連年贈与は続きました。


その後、夫の寅次郎さんは仕事が忙しかったうえに、妻の妙子さんから相談事もなかったこともあり、連年贈与のことをすっかり忘れていました。

時が過ぎ、健太郎君が18歳になった平成27（2015）年3月、某国立大学入試に失敗した健太郎君は、米国ニューヨークに留学したいと言いだしました。夫妻は渋々ながら承諾しました。そして大学、大学院の6年間の費用として、1100万円の元本とその利息がついた健太郎君名義の通帳を渡して、その預金からニューヨークの志望大学に学費を支払い、在米中の生活費もそれで賄うように言いました。

健太郎君は両親の留学に関する同意を得て大喜び。早速、必要資金を大学に送金しました。また大学のあっせんした住居も確保し、平成27年5月に出発することになりました。「めでたし、めでたし」と言いたくなりますが、実際はそうではなく、いくつか問題があります。

贈与税の仕組みに関する誤解

寅次郎さんは自分が生きている間に、子の健太郎君に内緒で財産を移転しようとしました。まず、ここに問題があります。財産をあげる人（贈与者）とその財産をもらう人（受贈者）との間で、財産を「あげます」「はい、いただきます」という意思疎通ができていなかったのです。たとえ家族の間でも、意思疎通の客観的な証拠がなければ、税務署として「問題なし」とは言えないわけです。

この意思疎通の証拠は「贈与契約書」という形式の文書に、贈与者・寅次郎さんと受贈者・健太郎君が署名捺印していれば一番分かりやすい「客観証拠」になります。もっとも、4歳の健太郎君には「親権者」の介添えが必要です。

財産の保管状況のあいまいさ

寅次郎さんが健太郎君の預金口座に現金110万円を振り込みました。その現金は「預金通帳」に入っています。贈与税の税務調査では、その保管者が誰かということが問題になります。４歳の健太郎君は「親権者」による介添えが必要ですので、母親である妙子さんの監督下で健太郎君がいつでも「預金」を引き出して使える状況が求められています。親権者の介添えの下で、健太郎君のその預金通帳についての「所有意識」も必要です。

今回の場合は、夫婦の寝室に通帳を保管していたので、健太郎君にはその所有意識がなかったと考えられます。平成27年3月に初めて、寅次郎さんは「元本１１００万円の貯まった預金通帳」を健太郎君に手渡しました。

山田さんのケースでは「年１１０万円の連年非課税贈与」は成立しません。しかし、その使途は大学の授業料と生活費を合わせた教育費6年分です。平成27年から子・孫への教育費の一括非課税贈与として、１５００万円の資金移転が認められるようになりましたから、これが当てはまるのでは……と思われるかもしれません。しかし、これも税法上所定の手続きを経なければ認定はむずかしいでしょう。

八方ふさがりになりそうな山田さん親子ですが、健太郎さんが学生なので、１１００万円余りを通常の教育費という形に変えればよいと考えられます。当座の留学費用として、次のような項目に２００～３００万円は掛かり、これらは一般の教育費となるでしょう。

・航空運賃（エコノミークラス）
・大学入学手続き諸費用
・大学1年間の授業料
・入学後1年以内の生活費

残りの800~900万円については、非課税贈与に該当しないリスクが高いです。そのため、「借入金の返済」として銀行を通じて証拠が残るようにして子が親に返却し、改めて、親が子に年に1~2回の頻度で教育費を送金するか、または銀行を通じて新設の「一括教育費」の手続きをするかのいずれかがお勧めの方法です。

4 預金口座の名義貸しと判断されないように

連年贈与については、毎年110万円振り込まれる通帳を誰が保管しているかということも大切なポイントです。未成年者であれば親権者が保管することになりますが、その際に名義貸しと判断されてしまうか、そうではないと認められるかは、連年非課税贈与がうまくいくかどうかの分かれ道になります。

・名義貸しと判断された場合　⇓　定期贈与と認定され、贈与税を支払う
・名義貸しではないと判断された場合　⇓　連年非課税贈与と認定される

預金が「名義貸し」ではないと判断された例

個人事業として豆腐店を営む山路幸一さん（当時73歳・仮名）は、平成5（1993）年8月に、娘の良子さん（当時30歳・仮名）がシングルマザーであることに胸を痛め、孫の山路真司さん（当時0歳・仮名）に毎年非課税限度内（当時は年60万円）の連年贈与という相続税法の非課税贈与制度を使った「生前贈与の相続対策」をすることにしました。

幸一さんは毎年、妻と良子さん、真司さんとともに公証役場を訪れていました。非課税限度額の年110万円（平成12［2000］年までは年60万円）を幸一さんの口座から、真司さんの口座（親権者・良子さんの介添えを得てつくった普通預金口座）に送金した証拠を添えて、所定の書類を提出し、公正証書を作成しました（手数料7000円）。

平成27（2015）年3月、幸一さんは95歳。孫の真司さんは無事に大学を卒業して、家業の豆腐屋を継ぐことになりました。しかし、業態として会社組織にしようと考え、家族で相談した結果、幸一さんと良子さんは、貯めてきた通帳を見せ、「これを使おう」と言いました。真司さんは22歳になっていましたので、元本だけで2130万円（60万円×

8年、および110万円×15年の合計）にもなっていた預金については、「祖父と母が自分のために貯金している」ということは知っていましたが、現実には母任せで真司さんは年1回、公証役場へ行って実印を押すだけでした。

それまでも幸一さんと良子さんを助けて店を支えてきましたが、大学卒業を機に、株式会社日本豆腐を設立して発展を期すことになりました。

幸一さんが事業主（屋号「金町豆腐店」）としてやっていた個人事業を、2000万円で買い取りました。その資金は2130万円が元本となっている真司さんの預金口座から幸一さんに支払いました。

真司さんの2000万円の出所は、母親が持っていた通帳の預金でした。「預金口座は受贈者が自ら管理しなければならない」ことになっています。しかし本件では、母親が通帳を持っていました。これをどのように解釈したらよいのでしょうか。

決め手は「毎年の公証役場での真司さんの署名捺印」です。たとえ通帳を母親が持っていたとしても、真司さんが公証役場の公証人の前で、「110万円の贈与」を受けることを承諾した確たる証拠があります。

この証拠によると、通帳の保管をたまたま一時的に母親にお願いしていただけで、実際の保管者は、真司さん本人だという解釈が成り立つでしょう。

もしこの件が税務調査で非課税贈与が否認され、国税不服審判所を経て、裁判所に審理の場が移された場合、審理は裁判官の判断に委ねられることになります。

そこでの税務調査官の主張は、「実際の預金口座は真司さんの母親が管理していたので、非課税適用は不可能である」というものです。しかし「証拠主義」の前にかすんでしまうかもしれません。

真司さんが法廷への準備書面において、「税務調査官に陳述した『預金通帳の母親保管』は、そのような供述を強制されたものである。本当は平素、自分が自分の部屋の引き出しに保管している」と主張し、さらに税理士が陳述権を持って法廷において「公正証書において『預金口座は本人が保管する旨が記述されている』ことから、平素の本人保管は明らかである。母親が平素、保管しているという事実はなく、またその証拠もない」と陳述したとします。

その場合、その「違法性」に関して証明義務がある税務当局は、心象よりも「保管者が真司さん」という公正証書と、真司さん自身によるその自己保管の主張の前ではなすすべがないでしょう。客観的な反証がない限り、真司さんの言い分が妥当なように思えます。

このように、公正証書の威力は大きくきわめて客観的であるといえます。

事例のポイント・注意点

税務署による連年贈与税については、「事実認定」という言葉があります。

たとえば、①贈与契約は「あげます」「はい、いただきます」という双方の意思確認の事実があったか、②受贈者はもらったお金を自分の管理下に置いていたか、③また、当初から調査時以降までの「定期の贈与」の約束を当初にしていなかったかという質問がすぐに浴びせられます。

なお、③については税務署による立証が必要になります。

5 贈与したお金を使うには借用書が必要

たとえば自営業の夫婦が、子どもの誕生とともに連年非課税贈与で毎年110万円を子ども名義の口座に振り込んでいたとします。事業をやっているなかで、資金繰りが苦しくなることは往々にしてあるもの。その際に、子どもに贈与したお金を使うことができるのでしょうか。

もとは自分のお金とはいっても、贈与したことで子どものものになっています。それを会社の経営が危ないからと借りるのであれば、借用書が必要です。これがなければ受益増ということで、会社にさらなる法人税が課されます。

借用書には、お金を借り入れた日付や、返済の方法（銀行振込等）、返済回数、利息、遅延損害金等を書いて、日付を記入し、貸主、借主がそれぞれ署名捺印します。

借用証書の体裁は、「金銭消費貸借契約書」という書面です。長い年数にわたり借入が少しずつ減ってゆく返済方法が普通です。そのため、借用証書は当事者（貸手・借手の双方）がそれぞれ1通ずつ保有し、保管します。

なお、現金返済は極力避けましょう。その現金授受の証拠の保全がむずかしいですし、当事者の証拠作成（領収書等）の手間が煩わしいからです。公正証書にするのがもっとも確実です。

家族でのやりとりということで、利息ゼロでも問題はありません。

6 未成年者の契約に親権代理手続きは不可欠

平成18年（２００６）年2月に生まれた上村一太君（仮名）。父は上村一太郎さん（当時40歳・仮名）で大手運送会社の長距離運転手。母は薫さん（当時30歳・仮名）で、大手コンビニエンスストアの正社員としてレジで働いています。夫の母アキノさん（当時72歳・仮名）が一太君の面倒を見てくれており、経済的にも余裕があります。

一太郎さんは、トラックの運転中にラジオで聞いた「連年非課税贈与の話」で、年１１０万円なら贈与税が掛からず、息子のためにお金を貯められることを知り、早速妻の薫さんと相談して、郵便局に一太君の口座を開設しました。

毎年、誕生日に１１０万円をその口座に入金しています。平成27（２０１５）年2月で10年目、元本だけで１１００万円が貯まりました。

一太郎さんも49歳の働き盛りで、会社の給与も順調に上がっています。前年に親の入院で費用が掛かったので医療費控除の申告のため、所轄の税務署に行きました。

そこで臨時支援の税理士に、医療費控除の方法を教わるついでに贈与の話を持ち出し、「毎年１１０万円、非課税で子どもに贈与できるのですよね。ウチも息子のために、もう今年で10年ですよ。だいぶ貯まりましたよ」と話を振ってみました。非課税の連年贈与といっても、自己流でやっていたのでいくらかの不安がありましたが、その税理士は「すごいですね。いい心がけです」とほめてくれたため、一太郎さんは気分をよくしました。

そのとき税理士は確定申告書の内容を見ながら「ああ、上村さんのお子さん、一太さんは9歳なんですね」と子どもの年齢を確認しました。続けて、「上村さん、毎年贈与契約書が必要ですから、ちゃんとつくっておいてくださいね」と忠告されました。

「贈与契約書なんてつくってないですよ」と一太郎さんが不安げに答えると、「遡ってつくる人もなかにはいるみたいですが、税務署に相談してみてはいかがですか？　贈与税のひな型なら、インターネットで検索するとすぐ出てきますから」と提案してくれました。

一太郎さんはインターネットからダウンロードした贈与契約書をプリントアウトしました。そして必要事項を記入してでき上がったものを持って、税務署へ相談に行くことにしました。

窓口で贈与契約書を見せながら相談したところ、「未成年のお子さんの記名以外に親権者の署名が必要なんですよ。ですから、これらの契約書は全部無効ですね」と言われてしまいました。

さらに「通帳はどなたが保管しているのですか?」と聞かれた一太郎さんは、「子どもはまだ9歳ですから、妻が保管しています」と答えました。

「毎年2月に誕生祝いとして誕生日に貯金してあげているのですね」と税務署の相談員。

「はい。お金に余裕のあるうちに……と思いまして、毎年続けてやっているんですよ」と一太郎さん。

相談実績として「非課税贈与の契約書の相談。親権者の記載なし。保管者は母親」の記録が残されました。加えて相談員は「この贈与金は非課税にはなりませんね。ただ上村さんが名義上、息子さんの名前を使っているだけですから」と指摘しました。

驚き、落胆する一太郎さん。税務署を出て、以前、税務相談をした税理士のところへ向かいました。そして税務署での指摘を話し、何とかならないかと尋ねました。

税理士は困った顔をして、「税務署の言うとおりですよ。ただ、元へ戻すしかありません。息子さんの口座から全部、上村さんご自身の口座に移すことになりますね」と言いました。

ショックで打ちのめされそうになりましたが、税理士はうれしいアドバイスもしてくれました。

「幸いなことに、平成27年から『1500万円までの教育資金の一括贈与非課税制度』

ができています。大手の銀行へ行って手続きすれば、何とかなりますよ」（**第6章5**）。

事例のポイント・注意点

「1500万円までの教育資金の一括贈与非課税制度」は、銀行を通じて実施する制度なため、安心です。この「一括贈与」の契約終了後に、お金が残っているとその時点で贈与税が課されますので、教育費の支払計画を立てておくことをお勧めします。

コラム7

失敗事例：売上を無断でヘソクリし続けて娘へ贈与

創業40年の和食料理店「大野屋」は、年商1億円弱の個人事業です。事業主は調理師の大野春彦さん（72歳・仮名）。30年前から、愛人である従業員の榊原綾乃さん（57歳・仮名）が経理をすべて担当しています。

綾乃さんの給与は月20万円で賞与なし。シングルマザーとして綾香さん（30歳・仮名）を育てるには、余裕はありませんが、何とか親子2人で暮らしていける金額です。

しかし、給与月20万円というのは綾乃さんの所得税の節税や、社会保険料の負担軽減のための戦略でした。じつは、春彦さんが綾乃さんの生活費の多くの部分を、事業経費の名目で賄っており、綾乃さんは普通以上の生活を送っていました。

とはいえ、少しでも綾香さんの将来に役立てようと、綾乃さんは1994年ころからお店の現金売上から月々8～9万円ずつ抜き、自分名義の郵便貯金に年100万円ほどを貯めてきました。綾乃さんは、税務調査に際しても、巧妙に受け答えし、事業主の所得税が追徴されることもなく、うまく逃れてきました。

2014年2月、綾乃さんの娘・綾香さんが、春彦さんの一番弟子である野々宮大志さんと結婚しました。綾乃さんは、自分の生活費は一応確保できる状態でしたので、結婚祝いとして、過去20年にわたり貯めてきたなかから2000万円を現金であげました。

そこで綾香さんは早速、その2000万円を独立して自分の店を開こうとしている夫に現金で渡し、店舗購入費の一部に充てました。

しかし、夫の事業開始届から、開業費の資金の出所として、妻・綾香さんの資金がつかまれ、さらにその資金の出所として、母・綾乃さんの資金が税務調査で問題となりました。綾乃さんは「贈与税の非課税の範囲だから、問題はないはずだ」と主張しました。しかし、通帳や生活状況をみると、そんな金額を貯める余裕はないことが判明しました。

税務署から厳しく追及された綾乃さんは、毎月のお店の売上を「間引き」して、「ヘソクリ」として自分名義の口座に貯めていたと白状しました。

春彦さんは、初めて知る事実に動揺しながらも、綾乃さんを思い「それは私の指示です」と税務署に釈明しました。しかし、付け焼刃の申し開きが税務調査官に通じるはずもありませんでした。

さらに税務調査官の追及は続きました。

「榊原綾乃さんは大野屋の売上をネコババして、2000万円を横領したのではないですか」「事業としても、2000万円の事業所得の脱税をしたことになりますね」

そう言われ、綾乃さんは怖くなり、反論する意欲もなえてしまいました。

さらに税務調査官はこう続けました。

「2000万円を娘・綾香さんに、定期贈与として2014年8月に一括贈与した。

その贈与税は本税45パーセントの税率になる。また、春彦さんが綾乃さんに贈与したというなら、2014年8月、定期贈与として合計2000万円の綾乃さんへの贈与は、この場合、『従業員に対する臨時賞与2000万円の支払』に該当する。しかも『横領罪』として綾乃さんを告訴すれば、特別な損失となる可能性はある」

結局、綾乃さんは2000万円の大半に当たる金額を、税金として支払うことになりました。すでに2000万円はお店の開店費用に使っています。綾乃さんとしては、新たに贈与税支払い分の金額を春彦さんから借りるか、税務署に納税計画を話して分割支払いをすることになります。この場合、未納の贈与税額については、年4・6パーセントの年利負担が掛かります。

その税金の出所は、春彦さんに帰することになり、借用証書を調整して、事後徐々に綾乃さんが春彦さんの口座に借入資金の返済をすることになります。

なお、綾乃さんが未納税金は支払えないと判断するときは、破産した方が合理的かも知れませんので、裁判所に破産の申し立てをしましょう。

とにかく、このような事態を招いたのは、次の二つが原因と考えられます。

(1) 綾乃さんは経理責任者の器ではなかった

年間100万円なら、「事業所得ネコババ」とするのではなく、綾乃さんの「従業員給与」である賞与にすれば、月額20万円程度に対する税率ですから、10パーセント台で済んだものと考えられます。事業全体の税負担と考えれば、微々たるものです。

また現在は、個人事業の飲食業は社会保険制度に加入する義務はありません。そのため、経営が苦しいのであれば、社会保険加入が不要の体制を採るとよいでしょう。

もし株式会社にしていれば、実務上の対応として、事業を分割し、会社では設備・施設、ないし不動産を貸す「不動産賃貸業」に組織変更を行い、個人事業では「飲食業」を運営するようにすると、適法に社会保険加入を免れます。

(2) 顧問税理士の資質がなかった

年間100万円の売上に対する増税分は、「ごく限定的で恐らく10万円に満たない」でしょう。売上に対しては「仕入率からも」、仕入率が30パーセントとして30万円のコスト増を考慮に入れることができます。

仕入など考えていない場合には、原価率がその会社により決まっており、その調整ができるはずです。それは「仕入・材料の期末棚卸高」の調整による原価負担等の話です。また、そもそも100万円の売上増に対する税の増額については、それに応じた費用増を検討すれば、何とでもなる金額水準です。

つまり契約していた顧問税理士には、お客様の言うことを聞く「忠実義務」のほかに、経営の適法性に関する一般的な「善管注意義務」、経営改善や適正経営を促す「助言義務」、違法行為等に対する「注意義務」があります。これら四つの義務は、報酬の有無にかかわらず税理士が課せられている社会的な義務です。この点について税理士が適法に対処していないならば、自分の税理士を「債務不履行」で訴えることができます。

そうすれば、たいてい、自分の税理士に多額の「慰謝料」等を請求できます。少し論点がずれましたが、もっと税理士との顧問契約を重視すべきです。

結果的に、じつに後味の悪い結婚祝い金となりました。これは税法の仕組みを理解して平素から対応していれば、防げた可能性は高い事例だといえます。

第6章

非課税贈与　その他の制度

1 婚姻期間20年以上の夫婦の居宅贈与

相続対策に20年、30年も時間がない場合や夫婦愛の記念行事として、多くの一般家庭に適用できる「非課税贈与」の規定があります。よく知られた規定ですので、すでにご存知の方や実践されている方もいらっしゃるかもしれません。

それは「配偶者への非課税贈与」としてよく利用されているもので、婚姻歴20年以上（入籍期間のみ）の夫婦の間で、居住用不動産または居住用不動産を取得するための金銭の贈与が行われた場合、基礎控除１１０万円のほかに最高２０００万円まで控除（配偶者控除）できるという特例です。

適用要件

配偶者への非課税贈与に必要な適用要件として、次の規則があります。

(1) 婚姻期間が20年（端数月切捨て）を過ぎた後に贈与が行われたこと

⑵配偶者からの贈与財産が、国内での自分のための居住用不動産（借地権を含む）またはその取得のための金銭であること

①居住用家屋の敷地のみの贈与は次のような例を想定しています。

(イ)居住用土地を夫が所有する場合

例：妻が家屋を所有する場合、夫の土地を妻に贈与する。

(ロ)受贈配偶者と同居親族が居住用家屋を所有する場合

例：同居家族の子が家屋を所有し、夫が土地を所有する場合、夫の土地を、妻（受贈配偶者）に贈与する。

②店舗兼住宅の持分の贈与を受けた場合は、居住用部分から優先的に贈与を受けたものとして配偶者控除を適用（贈与税の配偶者控除を適用する場合に限り認められる。また居住用部分がおおむね90パーセント以上の場合はすべて居住用不動産として扱う）。

⑶同じ配偶者からは生涯1回のみ適用

配偶者控除は同じ配偶者からの贈与については一生に1度の適用として、贈与を受けた年の翌年3月15日までに、対象の国内の居住用不動産に贈与を受けた者が現実に住んでおり、その後も引き続き住む見込みであること。

手続き

手続きとして、次の書類を添付した贈与税申告が必要です。

(1) 財産の贈与を受けた日から10日を経過した日以後に作成された戸籍謄本または抄本
(2) 財産の贈与を受けた日から10日を経過した日以後に作成された戸籍の附票の写し
(3) 居住用不動産の登記事項証明書
(4) 戸籍と異なる場合は、その居住用不動産に住んだ日以後に作成された住民票の写し
(5) 居住用不動産の贈与の場合は、固定資産評価証明書など

なお、不動産取得税、不動産贈与の移転登記の登録免許税も課税されます（概算：登録免許税〔＝固定資産評価額×２％〕、司法書士報酬５万円前後）。

2 生命保険の活用

生命保険は相続対策にとても適しています。なかでも一時払い（一括払い）終身保険

は、金融機関の窓口で販売されていて利用しやすく、保険料が割安なことから、毎月払いよりも退職金などのまとまった資金で加入するケースが多くなっています。

中小オーナー企業では、税理士等が生命保険会社の代理店となって保険の契約をします。保険料の多くは会社の経費となって節税対策になり、保険そのものは役員退職金の準備に充てられます。

企業の財務政策上も大きな役割を果たしている税理士ですが、彼らの側からすると、生命保険会社からのコミッションを得て、その報酬で顧問先に充実したサービスを提供できるというメリットがあります。

一時払い終身保険の特徴

一時払い終身保険は、契約時にまとまった保険料を一時払いすることで、一生涯の死亡保障を確保できます。

終身保険の保険料は掛け捨てではなく、契約した保険金額を下回ることはありません。払込期間が設定されていて、一般的にはそれ以後は保険料を払う必要がありません。保障は生涯続き、満期金、解約返戻金が受け取れます。払込期間を過ぎれば元本割れはありません。

たとえば、数百万円の保険料を最初に支払い、死亡時などに1000万円程度の保険金を受け取ることができるような保険です。メリットとして、普通預金や定期預金などよりも利回りが高い場合が多いです。そのため、一般論としては、一時払い終身保険は死亡時の保障を確保しながら、資産を有利な条件で運用できるといえます。

一時払い終身保険には、次のような種類があります。

(1) 一時払い定額終身保険

終身保険部分で生涯必要とする保障を確保し、付加した定期保険部分（いわゆる掛け捨て）で、子どもが成人するまでの保障を確保することで、一番お金が必要な期間の保障を比較的廉価に準備できる保険です。

(2) 一時払い変額終身保険

一時払いの保険料を契約時にあらかじめ定められた予定利率（積立利率）により運用します。死亡保険金額は最低でも基本保険金額（一時払保険料）以上が保証されます。

(3) 一時払い積立利率変動型終身保険

一時払い保険料を積み立てて一定の利率で運用し、死亡給付金や終身保険、年金として将来受け取れる保険です。利率は定期的に見直されます。

(4) 一時払い外貨建て終身保険

「保険で資産運用して貯蓄としてお金を増やしたい！」という人向けの保険です。ドルなどで運用するため、予定利率が円建てより高めに設定されており、保険料も割安です。

これらの保険加入の注意点としては、ある程度のリターンを得るには、資金を一定期間以上預ける必要があり、早期解約（1～3年程度で解約）の場合、元本割れのリスクがあるため短期間の運用には不向きです。

なお、途中解約すると解約返戻金を受け取れますが、一般的に契約後しばらくは解約返戻金額が払い込み保険料を下回るため、注意しましょう。

また、2015年春の時点では、一時払い終身保険は予定利率が比較的低く、保険料と保険金額の差が小さいので、いちがいに終身保険が相続対策として全面的によいとはいえません。しかしよく見てみると、比較的利回りの高い低解約返戻金タイプもあります。

ほかにも、契約時の健康状態に関する告知が必要なものもあります。それが、あなたの目的に合えば、その終身保険は、相続対策に有効といえます。

一時払いによる生命保険のメリット

生命保険は受取人を指定でき、受取人は遺産分割とは関係なく保険金を受け取れるというのが、相続対策において大きなメリットです。

(1) 相続税の負担軽減

相続税の計算上、生命保険の死亡保険金には原則的に「500万円×法定相続人の数」という非課税枠が使えます。これを活用すれば、相続税の負担軽減につながります。

(2) 特定の相続人に多く財産を残すことが可能

通常の財産の場合は、遺言書があればそれにしたがって遺産分割し、遺言書がなければ相続人同士が協議して分割方法を決め、分割協議書を作成します。協議がスムーズにいかないと、遺産を受け取るまでに時間が掛かります。被相続人に子が何人かいた場合、基本的には全員が平等に遺産を受け取ることになります。

しかし生命保険金の場合は、被相続人の意思で「誰にいくら残すか」を決めることができます。たとえば、将来が心配な子にほかの子より多く財産を残したり、相続人を指定の受取人にして親の葬儀費用に充てたりできます。

(3) 納税資金の準備

また生命保険は、納税資金対策としても使えます。相続税は被相続人が亡くなったことを知ってから、10カ月以内に一括して現金で納めなければなりません。不動産や金融商品を売却して資金を捻出しようとすると時間が掛かり、すぐに処分しようとすると希望の価格で売れない場合もあります。保険金なら保険会社に請求すれば、問題なく早く、契約で決まっている額を現金で受け取れます。これは納税資金に充当するのに適した資金です。

資金繰りの対策として保険金を代償分割に使う方法も考えられます。たとえば相続財産のほとんどが居住用の土地・建物のみの場合で、その居住用財産を相続人間で分けるとき、被相続人の親があらかじめ保険に加入し、相続人の1人を死亡保険金の受取人にします。分けにくい財産の合理的な遺産分割の際、代償分割は大変賢明な保険利用法の一つです。

代償分割を行う場合には、必ず「遺産分割協議書」に、誰から誰に、どのように代償分割が行われるかを明記しておきましょう。その記載がないと、経緯が「記録・証拠」として残らず、後から単なる贈与とみなされ、贈与税が課されてしまうリスクがあります。

相続が起こったとき、遺産分割協議書に基づいて、保険金受取人となった相続人が自宅を相続し、受け取った保険金や預貯金から、自宅の時価相当額を相続人であん分した金額を、他の相続人に渡します。そうすることにより、相続人全員が納得のいく遺産分割ができることになります。

その他の保険の種類

終身保険以外にも、贈与に役立つ保険をご紹介します。

(1) 定期保険

被保険者(保険が掛かる人)が死亡したとき、指定された受取人が契約時に決めた保険金を受け取れます。保険期間をあらかじめ契約で決める(定期)死亡保険です。主に掛け捨てで、解約返戻金はあってもごくわずかです。契約期間は10~15年間が一般的です。

(2) 長期定期保険

保険期間が50~80年と長期にわたる定期保険です。特に、100歳満了の長期定期保険は、会社加入の生命保険による節税戦略として大きな効果があるときがあります。

たとえば、30歳の会社役員がこの年払保険に加入して3年経過後に解約すると、支払保険料は82パーセント以上が返金されるような保険が売り出されています。この場合、法人税等30数パーセントを払うより節税効果が大きいのです。

この保険は医療保険の性格を持ち、入院給付金と手術給付金が給付されますが、通院のみでは給付金はありません。がん保険は医療保険と異なり、給付日数に制限がありません。また、多くはがんと最初に診断されたときにまとまった金額が支給される、がん診断給付金があります。

※ただし、保険会社および商品により、多少内容は異なります。

(3) 個人年金

個人年金とは、保険料を積み立てることで、将来年金を受け取れる保険です。この受け取り方にはいくつか種類があります。

年金形式での受け取り方には「終身年金」「確定年金」「有期年金」の方法があります。

① 終身年金

終身年金は一生涯年金を受け取れ、公的年金と同じ形式です。一生受け取れるので安心ですが、その分保険料は高く設定されています。亡くなるとそれ以降は給付されません。

② 確定年金

確定年金は、5年・10年・15年など決められた期間だけ年金が受け取れる形式です。この期間に本人が亡くなっても、期間中は必ず給付されます（遺族が受け取る）。掛け捨てではなく、原則として元本割れになりません。

③ 有期年金

有期年金も、決められた期間だけ年金が受け取れる形式です。しかし、本人が亡くなってしまうと、それ以降は支給されません。亡くなる時期によっては元本割れになります。その分、保険料は安く設定されています。

加入する形で税金が違う生命保険

生命保険は契約者（保険料を払う人）、被保険者（保険が掛かる人）、それに保険金の受取人を決めて契約します。契約条件（契約者・被保険者・死亡保険金受取人の指定）により、保険金に掛かる税金の種類と金額が違います（**表6−1**）。

相続税の非課税枠が使えるのは、契約者と被保険者が同じで、受取人が契約者の法定相続人の場合です。

契約者と受取人が同じ場合、保険金は一時所得となり所得税と住民税が掛かります。一時所得は、受け取った保険金から払い込み保険料総額と50万円の特別控除を差し引き、2分の1にした金額が課税対象となるので、相続税より一時所得のほうが負担が軽くなるケースもあります。

相続対策にうってつけだと、よく吟味しないで生命保険に加入するのは危険です。たとえば、契約者、被保険者、受取人が別々の契約では受け取った保険金に贈与税が掛かります。贈与税は相続税や所得税より負担が重い場合が多いので、注意してください。

保険加入の目的でうまく使い分け

相続財産が、生命保険金の非課税枠を活用できることは前述したとおりです。贈与の金額については、年110万円の連年贈与なら非課税、数百万円を一時に贈与するなら、贈与額に応じて贈与税が掛かります。贈与税が掛かる場合の損得計算としては、推定の相続

表6-1　死亡保険金に掛かる税金

契約者	被保険者	受取人	税の種類
夫	夫	妻	相続税（非課税枠あり）
夫	夫	相続人以外	相続税
夫	妻	夫	所得税・住民税（一時所得扱い）
夫	妻	子	贈与税

税を試算して、贈与税のほうが安ければメリットがあると考えるわけです。

贈与による保険活用は目的、使い道から、**表6-2**のような形態に分類できます。保険料は、贈与（年110万円の連年贈与等）により親・祖父母から受け取ることを想定しています。

使い分けといえば、終身保険と個人年金も目的により、組み合わせることができます。

個人年金保険の特徴の一つは、契約から年金受取開始までの間、万が一の際に支払われるのが「死亡保険金」ではなく、「死亡給付金」であることです。死亡給付金は支払った保険料の範囲内で支払われる金額が決まります。

個人年金は、税法による所得税の生命保険料控除の対象です。これは、定期保険や終身保険のような生命保険も同様です。しかし個人年金は生命

表6-2　終身保険と個人年金の使い分け・組み合わせのヒント

保険の種類／保険の加入形態等	終身保険		個人年金	
契約者	子・孫	子・孫	子・孫	子・孫
被保険者	親・祖父母	子・孫	親・祖父母	子・孫
保険加入の目的・保険金の使い方	保険金の受取人は子。親の死亡で死亡保険金が下りる。相続税の納税に使える。	相続時に解約。解約返戻金を相続税の納税に使える。	親の死亡で受け取れる保険金を、相続税の納税に使える。	子が年金を自分の老後資金に充てることができる。

保険とは別枠で申請できます。

被雇用者なら「年末調整」で「控除証明書」を添付し、課税調整します。

3 NISA運用益の活用

次にご紹介するのは、連年贈与の非課税枠を使って贈与された資金を、NISA（少額投資非課税制度）で運用するという非課税制度の活用方法です。贈与税の連年贈与110万円の非課税制度と、NISA運用益の非課税制度を同時に実行することになります。

NISAとは

NISAとは、年間に投資した100万円分までの株・投資信託の運用益（配当金・売買益等）が非課税になる制度です。NISAのメリットとは、何といっても、売却益および配当金に掛かる税金が非課税となることです。

デメリットは、売却損は切り捨てで、かつ売却しても非課税枠は復活せず、また損益通算ができません。NISA口座以外の一般口座や特定口座で生じた売却益や配当金等とNISA口座の売却損を損益通算することもできません。

非課税口座で取得した上場株式等の売却損はないものとみなされます。したがって上場株式等の売却損と、特定口座や一般口座で保有する上場株式等の配当等やその上場株式等の売却益との損益通算や繰越控除は不可ということになります。

ＮＩＳＡの制度概要は、次のとおりです（平成27年8月現在）。

⑴ 非課税対象

非課税口座内の少額上場株式等の配当等、譲渡益が対象となります。

⑵ 非課税枠

１００万円

⑶ 開設者（対象者）

口座開設の年の1月1日に満20歳以上の国内居住者、または国内に恒久的施設を有する非居住者。

⑷ 口座開設可能期間

平成26年1月1日から平成35年12月31日までの10年間。

⑸ 口座更新

金融機関のＮＩＳＡ口座変更は、「4年ごと」から「1年ごと」に可能になりました

（平成27年より）。

(6) 非課税管理勘定・設定数

非課税管理勘定とは、この非課税措置を受けるための銀行口座等のことで年分ごとに1非課税管理勘定のみ設定可能です。勘定設定期間ごとに1金融商品取引業者等に限ります。ただし、勘定設定期間が異なれば、同一の金融商品取引業者等である必要はありません。

(7) 非課税投資額

1非課税管理勘定における投資額（新規投資額および継続適用する上場株式等の移管された日における終値に相当する金額の合計額）は100万円を上限とします。

※NISA口座を廃止した場合でも、翌年以降に再開が可能になりました（平成27年より）。

(8) 保有期間

非課税管理勘定が設けられた日の属する年の1月1日から最長5年間、途中売却可能です（売却部分の枠は再利用不可）。

(9) 非課税投資総額

最大500万円（100万円×5年間）。

※各非課税管理勘定の5年分を1ブロック（その金額は100万円）にして、各ブロック勘定設定期間について5年を経過すれば、次の5年間に移行できます。

※5年間で累計最大5非課税管理勘定（最大500万円）の設定が可能。

金融機関で株や投資信託を買うと、通常は利益（売却益や配当・分配金）から20・315パーセントの税金が差し引かれますが、金融機関にＮＩＳＡ専用口座を開設して購入すると、そこで得られた利益が非課税になります。1年間に１００万円まで購入できるので、最大限贈与しても贈与税の基礎控除（１１０万円）の範囲に収まります。

また、ＮＩＳＡは平成28年より制度が拡充されます。

(1) 非課税枠の拡大

非課税枠が１００万円から１２０万円に増枠になります。

(2) ジュニアNISA

0歳から19歳までの未成年者向けとして、平成28年4月から開始されます（申込開始は1月）。非課税枠は年80万円です。親や祖父母が資金拠出できます。

非課税口座の開設に関する手続き

非課税口座を開設し、非課税管理勘定を設定する場合は、金融商品取引業者等に次の書類を提出または提示する必要があります。なお、同一の勘定設定期間で1金融商品取引業者等に対してのみ行うことができます。

(1) 非課税定期用確認書の交付申請書

提出期限は、勘定設定期間の開始日の年（暦年）の前年10月1日から、その勘定設定期間の終了日の年の9月30日までの間です。

(2) 基準日における本人確認書類

住民票の写し（提出日前6カ月以内に作成されたもの）

※勘定設定期間に対応する基準日は、**表6-3**のとおりです。

(3) 本人確認書類（提示。実務的には写しの提出）

※本人確認書類とは、氏名、住所および生年月日が確認できる書類で、住民票の写し、運転免許証、健康保険の被保険者証、在留カードなどのことです。

(4) 非課税適用確認書（本人確認後に用紙が渡されることがある）

(5) 非課税口座開設届出書（本人確認後に用紙が渡されることがある）

口座管理

金融商品取引業者等が行う、各年分の非課税管理勘定に受入ができる上場株式等は次のものに限られます。

(1) 非課税口座を開設した金融商品取引業者等を通じて新たに取得した上場株式等で、取得後直ちにその非課税口座に受け入れられるもの。

※「上場株式等」とは、上場株式、上場新株予約権付社債、公募株式投資信託の受益権、上場投資信託の受益権（ＥＴＦ）、上場不動産投資法人の投資口（ＲＥＩＴ）などをいいます。この上場株式等には、公社債や公社債投資信託の受益権は含まれません。

(2) 非課税管理勘定を設けた非課税口座に係る他の年分の非課税管理勘定から、一定の手続の下で移管がされる上場株式等。

※ただし、特定口座や一般口座ですでに保有している上場株式等を、非課税口座に移管して、非課税措置の適用を受けることはできません。

(3) 非課税口座に設けられた非課税管理勘定に係る上場株式等について行われた株式の分割・併合、株式無償割当てなどにより取得する上場株式等など、租税特別措置法施行令第25条の13第10項各号に掲げる上場株式等。

表 6-3　勘定設定期間に対応する基準日

勘定設定期間	基準日
平成26年1月1日から平成29年12月31日まで	平成25年1月1日
平成30年1月1日から平成33年12月31日まで	平成29年1月1日
平成34年1月1日から平成35年12月31日まで	平成33年1月1日

非課税期間終了後の取り扱い

非課税口座で上場株式等を保有したまま非課税期間が終了した場合には、次のどちらかに移管し、規定にしたがって移管手続きを行います。

(1) 同一の非課税口座内の新たな非課税管理勘定に移管する場合

非課税口座が開設されている金融商品取引業者等に「非課税口座内上場株式等移管依頼書」を提出する必要があります。

(2) 特定口座や一般口座に移管する場合（両方とも管理勘定の埒外《らちがい》）

特定口座に移管する場合は、非課税口座が開設されている金融商品取引業者等に「非課税口座内上場株式等の非課税口座から、特定口座への移管依頼書」を提出する必要があります。

この場合において、同一年分の非課税管理勘定に同一銘柄の上場株式等を有するときは、新たな非課税管理勘定に移管するものを除き、そのすべてをその特定口座に移管するなどの要件を満たす必要があります。

また特定口座や一般口座に移管された上場株式等について、「取得日」は「非課税管理勘定が設けられた日の属する年の1月1日から5年を経過した日」となり、「取得価額」は「その5年を経過した日における終値に相当する金額」となります。

非課税口座の開設者が死亡した場合の手続き

非課税口座を開設している国内居住者等が死亡したときは、その相続人はその居住者等の死亡を知った日以後遅滞なく、「非課税口座開設者死亡届出書」をその非課税口座が開設されている金融商品取引業者等に提出しなければなりません。

なお、その居住者等が死亡した日から「非課税口座開設者死亡届出書」を提出するまでの間に、その非課税口座で支払われた配当などがある場合は、非課税措置の適用はありません。

非課税以外の上場株式等の源泉税

NISAの非課税枠を超えた場合や、NISA以外の通常の投資の場合は、その所得に対して、20パーセントの源泉所得税が課せられます。

(1) 上場株式等の譲渡所得等、および配当等に掛かる税率平成26年分以降は、金融商品取引業者等を通じた売却等も含め、右記のとおり20パーセントの本則税率が課されます。

平成25年から平成49年までの各年分の確定申告の際は、右記の所得税と併せて、復興特別所得税を含めて申告・納付します。

税率は20・315パーセントになります（所得税および復興特別所得税15・315パーセント、住民税5パーセント）。

※復興特別所得税＝基準所得税額（原則としてその年分の所得税額）×2・1％

(2) 源泉徴収の税率

平成26年分以降は、金融商品取引業者等を通じた売却等に掛かる「源泉徴収選択口座内調整所得金額」に掛かる源泉徴収税率は、20・315パーセントになります（所得税および復興特別所得税15・315パーセント、住民税5パーセント）。

NISA通になる投資知識を学習しよう

NISAの対象となる金融商品は、上場株式、株式投資信託、EFT（上場投資信託）、REIT（不動産投資信託）の四つ。証券会社の多くはこの四つを扱い、銀行は株式投資信託のみ扱います。預貯金や外貨預金、債券、FX（外国為替証拠金取引）などは対象外です。

ＮＩＳＡは今のところ、平成26年から平成39年まで利用でき、非課税期間は5年間。毎年１００万円の枠をすべて使うと、同時に利用できる非課税枠は１００万円×5年で５００万円となります。

5年目が終わったときに口座で保有している株や投資信託を、6年目の非課税枠に移管できます。ですから最長10年間、ＮＩＳＡの投資信託を非課税で保有できます。

ＮＩＳＡで利用できる金融商品はどれも価格が変動し、値動きの大きさは商品ごとに異なります。ＮＩＳＡで金融商品を購入するときは、どういうときに値上がりし、どういうときに値下がりするのか、値動きの幅はどのくらいなのかを知っておくと、もうＮＩＳＡ通です。これまで株や投資信託を利用したことのない人は、ＮＩＳＡの利用をきっかけに資産運用について学べます。

値上がりが期待できる商品は、値下がりする可能性も高いもの。ＮＩＳＡでは損失が生じると非課税メリットが生かせません。安全パイとしては、値動きの小さい商品を長期で保有するのが基本です。

また、値動きのある金融商品は、一度にまとめて買うとその日がもっとも価格が高いこともありえます。基本的な対策としては、同じ商品を毎月一定の日に一定額で購入していく積立購入がお勧めです。

投資信託なら多くの金融機関で取り扱っています。積立によって購入単価が平均化され、また購入のタイミングを計る必要もない運用方法です。

コラム8

NISAは「自分の年金づくり」のためと考えよう

投資信託のリスクとリターンには次の関係があります。

投資信託では、投資信託の値動きの幅が「リスク」です。通常、リスクの大きい資産ほど、期待できる収益（リターン）が高い傾向がありますが、リスクが大きい資産でも、期待できるリターンが低いときもあります。その見極めが大切です。

ですから、まずは少額投資が中心のNISAを利用して、月数万円ずつ投資信託を積み立てて「自分年金づくり」を始めましょう。

(1) 活用例

たとえば、投資信託を月々5万円ずつ積み立てて、5年後に100万円まで値上がりした時に売却した場合を考えてみましょう（売却益は40万円とする）。

売却金に掛かる税金は、課税口座（特定／一般口座）なら約8万円（売却益40万円×税率20・315パーセント）となります。

(2) 商品例

①インデックス型ファンド

インデックス型ファンドとは、たとえば日経平均のような、指数（インデックス）に連動するファンドを指します。一般論としての話ですが、運用に掛かる費用が低く、投資家が支払わなければならない、手数料や信託報酬も低いです。

②ターゲットイヤー型ファンド

ターゲットイヤーとは保有者の退職年を指します。このようなファンドは、ターゲットイヤーごとに投資対象の見直しを行います。つまり、「自分年金づくり」に特化したファンドといえます。

4 住宅取得等資金贈与の大型非課税枠

この制度は自分が住むための家屋を新築や取得、増改築する費用として、両親や祖父母（直系尊属）からの贈与を受け、一定の条件を満たしていれば贈与税が非課税になります。平成27年度税制改革によって、適用期限の延長と制度の拡充がなされました。

制度の概要

子や孫が、その直系尊属（父母、祖父母等）から住宅取得等の資金を受けた場合、贈与日の翌年3月15日（贈与税の申告期限）までに、その資金で、自己の居住用の新築家屋の取得、増改築等をして住み始めるか、申告期限以後でも遅滞なく確実に住み始める見込みのときは、次の金額が贈与税について非課税になります。

非課税期限は平成36（2024）年6月30日まで延長・拡充されています。

この制度を、「祖父から贈与された土地代2000万円、建物代2000万円の合計4000万円の物件を取得した場合」を例に考えてみましょう。

消費税が8パーセントから10パーセントに2パーセント引き上げになると、支払い額として約40万円の消費税増税になります（消費税の対象は建物代にのみ。土地は非課税）。消費税が10パーセントになると、より非課税の枠が広がりますので、平成29年の4月から9月の間に優良住宅の住宅取得資金の贈与を受けた場合は、贈与額が3000万円までが非課税になります。残り1000万円に贈与税が掛かるので、350万円の贈与税ですみます（〔1000万円－控除額125万円〕×40％）。

もし、4000万円に丸々贈与税が掛かっていたら、贈与税は1980万円なので（〔4000万円－控除額400万円〕×55％）、1630万円の節税になります。

受贈者の要件

次の⑴から⑶の要件を満たせば、直系尊属から贈与を受けた住宅取得等資金のうち、一定金額について贈与税が非課税となります。

⑴ 対象受贈者

父母や祖父母などの直系尊属から住宅取得等資金の贈与を受けた受贈者。

⑵ 取得要件

贈与を受けた年の翌年の3月15日までに、その住宅取得等資金を使い、自己の居住用として家屋の新築、取得または増改築をしたとき。

(3) 居住時期

贈与を受けた年の翌年の3月15日までに、その家屋に居住する、または同日後遅滞なくその家屋に居住することが確実であると見込まれるとき。

表6-4　住宅資金非課税限度額（表6-5以外の場合の非課税限度額）

住宅取得等に係る「契約」の締結期間	優良住宅	優良住宅以外の住宅（一般住宅）
～平成27年12月31日	1,500万円	1,000万円
平成28年1月1日～平成29年9月30日	1,200万円	700万円
平成29年10月1日～平成30年9月30日	1,000万円	500万円
平成30年10月1日～平成31年6月30日	800万円	300万円

※優良住宅とは、省エネや耐震の基準を満たしていると認定された住宅をいいます。

表6-5　特別住宅資金非課税限度額（住宅用家屋の取得対価、または費用の消費税が10%の場合の非課税限度額）

住宅取得等に係る「契約」の締結期間	優良住宅	優良住宅以外の住宅（一般住宅）
平成28年10月1日～平成29年9月30日	3,000万円	2,500万円
平成29年10月1日～平成30年9月30日	1,500万円	1,000万円
平成30年10月1日～平成31年6月30日	1,200万円	700万円

相続対策としての住宅購入対策

なお、非課税枠を効果的に使うためには、次の点をよく考えて対策を立てましょう。

- 消費税引上げ時期
- 住宅取得時の契約時期
- 注文住宅の場合は工事請負契約締結の時期

※半年前までに契約していた場合は、引渡しが税率改正後であっても旧税率が適用されるため、次のタイミング（時期）により税率が変わる場合があります。

- 建物引渡しの時期
- 贈与の時期

「非課税限度額」の適用規則について、次の点にも注意しましょう。

平成28年9月30日以前に契約した住宅につき、最初に**表6-4**の非課税限度額の適用を受けた後に、同じ人が別枠で**表6-5**の非課税限度額の適用を受けることができます。

なおこれらの「非課税限度額」は、相続の場合の「3年以内の贈与財産の加算」対象になりません。つまりこれらの贈与があってから、3年以内に贈与者が死亡して被相続人になった場合でも、これらの贈与財産は、相続財産に取り込まなくてもよいのです。

また一定の書類を添付した「贈与税の確定申告書」を、贈与日の翌年3月15日までに税務署に提出しないと、これらの「非課税限度額」は適用になりません。

5 1500万円までの教育資金の一括贈与非課税制度

祖父母や父母などから教育資金を一括贈与で受け取る非課税制度が人気です。どのような制度なのか、整理してみます。

制度の概要

平成25年4月1日から平成31年3月31日までの間、祖父母や父母などの直系尊属（贈与者）から30歳未満の子や孫（受贈者）に、金融機関等との一定の契約に基づいて開設した専用口座に教育資金を一括贈与した場合に、１５００万円の限度額内であれば贈与税が非課税となる制度です。

なお、その後、受贈者が30歳に達するなどして、教育資金口座に係る契約が終了した場合、非課税拠出額から教育資金支出額（学校等以外に支払う金銭は５００万円が限度）を控除した残額があるときは、その残額はその契約終了時に贈与税課税の対象とされます。

教育資金とは

(1) 学校等に対して直接支払われる次のような資金をいいます。
①入学金、授業料、入園料、保育料、施設設備費または入学試験の検定料など
②学用品の購入費や修学旅行費や学校給食費など学校教育に伴う必要な費用など
※「学校等」とは、学校教育法で定められた幼稚園、小・中学校、高等学校、大学（院）、専修学校および各種学校、一定の外国の教育施設、認定こども園または保育所などを指します。

(2) 学校等以外の施設に対して直接支払われる次のような資金で、教育を受けるために支払われるものとして社会通念上相当と認められるものを指します。
①役務提供または指導を行う者（学習塾や水泳教室など）に直接支払われるもの
㋑教育（学習塾、そろばんなど）に関する役務の提供の対価や施設の使用料など
㋺スポーツ（水泳、野球など）または文化芸術に関する活動（ピアノ、絵画など）その他教養の向上のための活動に係る指導への対価など
㋩上記㋑の役務の提供、または㋺の指導で使用する物品の購入に要する金銭
②上記①以外（物品の販売店など）に支払われるもの
㋑上記(1)の②（学用品等）に充てるための金銭で、学校等が必要と認めたもの

㋺通学定期券代、留学のための渡航費などの交通費（平成27年4月以降に支払う一定のものが対象となる）

教育資金口座の開設等

この非課税制度の適用を受けるためには、教育資金口座の開設等を行い、教育資金非課税申告書をその口座を開設した金融機関等を経由して、信託や預入日（通常は教育資金口座の開設等の日）までに、受贈者の納税地の所轄税務署長に提出しなければなりません。

教育資金非課税申告書は、金融機関等の受理日に税務署長に提出されたものとされます。

なお、原則として、受贈者がすでに教育資金非課税申告書を提出している場合には、提出することができません。

金融機関等とは、ここでは信託会社（信託銀行）、銀行等、証券会社をいいます。

教育資金口座の取扱いの有無については、各金融機関等お尋ねください。

教育資金口座からの払出しおよび教育資金の支払い

教育資金口座からの払出しおよび教育資金の支払いを行った場合には、教育資金口座の開設等のときに選択した教育資金口座の払出方法に応じ、その支払いに充てた金銭に係る領収書などその支払いの事実を証する書類を、次の⑴または⑵に示す期限までに金融機関等に提出しなければなりません。

平成28年1月以降、領収書等に記載された支払金額が1万円以下で、かつ、その年中における合計支払金額が24万円までのものについては、教育資金の内訳などを記載した明細書の提出で代用できます。

⑴ 教育資金を支払った後にその実際に支払った金額を口座から払い出す方法を選択した場合は、領収書等に記載された支払年月日から1年を経過する日。

⑵ 上記⑴以外の方法を選択した場合は、領収書等に記載された支払年月日の属する年の翌年3月15日。

※上記⑴または⑵の教育資金口座の払出方法の選択は、受贈者が教育資金口座の開設時に行います。詳しくは各金融機関等にお尋ねください。

教育資金口座に係る契約終了

教育資金口座に係る契約は、次の⑴～⑶の事由に該当したときに終了します。

(1) 受贈者が30歳に達したとき
(2) 受贈者が死亡したとき
(3) 口座の残高が0（ゼロ）、かつ口座の契約を終了させる合意があったとき

右記(1)または(3)の事由に該当したことにより、教育資金口座に係る契約が終了した場合に、非課税拠出額から教育資金支出額を控除した残額があるときは、残額が受贈者の上記(1)または(3)の事由に該当した日の属する年の贈与税の課税価額に算入されます。

右記(2)の事由に該当した場合には、贈与税の課税価額に算入されるものはありません。したがって、その年の贈与税の課税価額の合計額が基礎控除額を超えるなどの場合には、贈与税の申告期限までに贈与税の申告を行う必要があります。

6 1000万円までの結婚・子育て資金非課税贈与

少子高齢化の進展・人口減少への対応として、平成27年度税制改正において、「結婚・子育て資金の一括贈与に係る贈与税の非課税措置」が創設されました。

自民党税制改正大綱では政策目的を、「将来の経済的不安が若年層に結婚・出産を躊躇《ちゅうちょ》

させる大きな要因の一つとなっていることを踏まえ、祖父母や両親の資産を早期に移転することを通じて、子や孫の結婚・出産・育児を後押しするため、これらに要する資金の一括贈与に係る非課税措置を講ずる」としています。

平成27年4月1日から平成31年3月31日までの間、祖父母等（直系尊属である贈与者）が子や孫等（受贈者）に対して結婚・子育て資金の支払いに充てるために金銭等を贈与し、当該受贈者の名義で取扱金融機関に預入等した場合には、受贈者1人につき、最大1000万円までの金額に相当する部分の価額について、贈与税が非課税となります。受贈者は20歳以上50歳未満です。制度の概要は次のとおりです。

非課税となる結婚・子育て資金の範囲と金額

次の⑴と⑵の合算で、最大1000万円まで非課税となります。

⑴ 結婚に伴う婚礼、住居および引越しに要する費用のうち一定のものについて、1000万円の範囲内で最大300万円。

⑵ 妊娠、出産に要する費用、子の医療費、保育料

※複数の贈与者から、最大1000万円の受贈が可能。

結婚・子育て資金として認められる資金使途は、婚礼、新居の居住、引越し、不妊治療、出産、産後ケア、子の保育・医療等の費用等です。

開始の手続き

・本非課税措置に対応した預金等の商品を取り扱う金融機関（銀行等）で専用口座を開設のうえ、贈与された金銭を預入等します。なお一度に全額ではなく、分割預入が可能です。

・口座開設に先立ち、贈与者と受贈者の間で書面により贈与契約を締結する必要があります。

・専用口座の開設に当たっては、受贈者から所定の申告書（結婚・子育て資金非課税申告書）を、取扱金融機関に提出します。

※取扱金融機関以外の金融機関に預入等されても、本非課税措置の適用を受けることはできません。

専用口座

・開設可能な専用口座は、受贈者1人につき一つです。

・専用口座を一つ開設した受贈者は、ほかの取扱金融機関や口座開設された金融機関におけるほかの店舗も含め、ほかに専用口座は開設できません。２口座以上の開設は、一つを除き無効となります。

・受贈者が50歳に達した日などに専用口座は終了となり、口座は解約できます。

・目的外の払出しは可能ですが、非課税扱いにはなりません。

結婚・子育て資金の払出し

・専用口座から払い出した資金を結婚・子育て資金として利用したことを確認するため、領収書等を取扱金融機関に提出します。

※領収書等の提出がない払出しや結婚・子育て資金以外の目的での払出しには贈与税が課税されます。

その他

・途中で贈与者が死亡した場合は、死亡日の残高について受贈者が贈与者から相続または遺贈で取得されたものとみなして相続税の課税価額に加算されます。

第7章

事業承継税制の贈与株対策

自ら事業を経営している方も、相続対策に頭を悩ませていることでしょう。最後に、中小企業・小規模会社の「後継者への自社株贈与」について考えていきます。

1 中小企業の事業承継支援のための納税猶予・免除制度

非上場会社、特に中小企業の事業承継支援のため、次の事業承継税制があります。

(1) 非上場株式に係る贈与税の納税猶予・免除制度

企業の後継者が、先代経営者（贈与者）から非上場会社の株式の贈与を受け、一定の要件を満たす場合は、贈与前から後継者がすでに保有していた議決権株式を含め、発行済議決権株式総数の3分の2に達するまでの部分について、贈与税の全額の納税が猶予されます。納税が猶予された贈与税額は、先代経営者または後継者の死亡等により、納税が免除されます。

(2) 非上場株式に係る相続税の納税猶予・免除制度

後継者が、先代経営者（被相続人）から相続等により非上場会社の株式を取得し、一定の要件を満たす場合は、後継者が相続前からすでに保有していた議決権株式を含め、発行済議決権株式総数の3分の2に達するまでの部分について、課税価額の80パーセントに対応する相続税の納税が猶予されます。納税が猶予された相続税額は、後継者の死亡等により、納税が免除されます。

適用を受けるための要件等

右記⑴と⑵の納税猶予の適用を受けるためには、後継者、先代経営者およびその非上場株式を発行する会社において、一定の要件を満たす必要があります。

さらに、納税猶予の適用を受けた後でも一定の事由に該当した場合は納税猶予が打ち切られ、一定の利子税の額とともに猶予税額の全部または一部を納付する必要があります。

事業承継税制の改正点

事業承継税制について、その利用を促進するため、平成25年度税制改正により主として次のような適用要件等の見直しが行われました。

主な改正点とは、⑴事前確認制度の廃止、⑵親族以外の者を後継者とする場合の適用、⑶役員退任要件の緩和、⑷先代経営者の無給役員要件の撤廃、⑸認定会社における雇用確保要件の緩和、の5点です。

なお、認定会社とは、事業承継税制の対象となる株式を発行する会社のうち一定の要件を満たす会社をいい、具体的には租税特別措置法70条の7の2第2項1号に規定する認定承継会社または同法70条の7第2項1号に規定する認定贈与承継会社をいいます。

平成26年までは、制度をクリアするためのハードルはかなり高いものでしたが、平成27年1月1日以降、次のように要件が緩和されました。

(1) 事前確認制度の廃止について

相続または贈与等の前に経済産業大臣の確認を受けることが必要だったものが、平成25年4月1日からはその確認が不要となりました。

(2) 親族以外の者を後継者とする場合の適用について

後継者は先代経営者の親族のみに限定していたものが、親族以外の者も認められるようになり、さらにその者へ非上場株式の遺贈または贈与をする場合においても、納税猶予制度の適用が認められるようになりました。

(3) 役員退任要件の緩和について

先代経営者は、認定会社の株式を贈与する前に、認定会社の役員を退任する必要がありましたが、贈与時に認定会社の代表権を有していなければ、その贈与時および贈与後に引き続き役員に留まっていても、納税猶予制度の適用が認められることになりました。

(4) 先代経営者の無給役員要件の撤廃について

先代経営者が認定会社の株式を贈与後に再び役員に就任した場合、5年間は役員給与を受けることができない（役員給与を受けると、納税猶予制度の取消事由に該当）とされていましたが、先代経営者が認定会社の株式を贈与後に役員に就任し、役員として給与の支給を受けた場合であっても、取消事由に該当しないことになりました。

(5) 認定会社における雇用確保要件の緩和について

雇用確保要件に係る納税猶予の取消事由について「納税猶予制度の適用開始後5年間の各年において、相続開始時または贈与時の雇用の8割以上を維持」とされていたものが、「納税猶予制度の適用開始後5年間において、平均して相続開始時または贈与時における雇用の8割以上を維持」に緩和されました。

2 信託制度を利用した「争続」防止

事業承継対策として、信託は具体的にどのように活用できるのでしょうか。

信託とは、委託者（会社オーナー）が、信託契約の締結や遺言により、受託者（信託銀行等）に自分の財産（信託財産）の名義・管理権・処分権を移転させ、受託者が、その信託財産の運用・管理・処分による利益を受益者（後継者）に渡す仕組みです。

この信託の大きな特徴は、議決権行使の指図権があるということです。

指図権とは、信託により株主となった受託者に対して議決権行使を指図することができる権利をいいます。この指図権を、委託者であるオーナーが存命中は、オーナーが保有し、相続開始後は速やかに信託の定めにより受益者に承継することができます。これにより、その会社の経営権は、時間の空白なく後継者に引き継がれることになります。

受託者は、委託者が信頼できる相手であれば、個人でも法人でも構いません。受益者は、委託者が決めます（一方的な指図で契約ではありません）。

不動産がある場合、通常は信託会社が安心です。その信託会社がつぶれても、預かった資産は「分別管理」されるからです（信託法34条）。

信託には、いわゆる「争続」回避の機能があります。信託は委託者（被相続人）と受託者（通常は信託会社）の契約です。受益者（相続人等）は、勝手に契約を変更できない仕組みです。なお、遺留分の減殺請求権は遺言書でも信託契約でも遮断できません（**第1章3**）。もっとも、減殺請求権に触れる信託契約は実務的に信託会社が受け付けません。

平成19年の法改正で、信託法に次のような「資産継承機能」が組み込まれました。つまり、資産継承時のトラブルを未然に防ぎ、また数世代先まで見通した承継計画が可能になりました。

・自分の生存中に信託する（「自益信託」等、信託契約で設定）。
・死亡後の受取人を指定できる（遺言代用信託）。
・数世代にわたって受取人を指定できる（受益者連続信託）。

使い勝手としても、信託物件は遺産分割協議や相続登記が不要です。つまり、遺産分割なしで受益者の権利が移転します。そのため、相続発生後に銀行口座が一時封鎖されることもなく、すぐに財産を利用できます。

また、不動産活用や建て替え案件に関しては、受託者が銀行借入します。そのため、相続人等に連帯保証義務がなく、次のような事業承継案件には効力を発揮します。

・土地活用をしたいが、借入不能な場合（土地信託）
・共有名義で意見調整が困難な場合（不動産管理信託）
・借金引継ぎの連絡保証等で不動産経営が困難な場合（不動産管理信託）

3 次世代後継者候補を指定できる「後継ぎ遺贈型受益者連続信託」

後継ぎ遺贈型受益者連続信託とは

土地信託に限定して紹介します。一言で言えば、「遺言代用信託」とは、遺言の代わりに信託の仕組みを使います。「跡継ぎ遺贈型受益者連続信託」は民法の親族法の枠を超えていますが、受益者連続信託の応用といえます。

遺言は、推定被相続人Xが、「私が死んだら相続人Aに遺贈する」というものですが、信託には「自己信託」という制度があり、Xが生きているうちから信託します。そのため、「Xが生きているうちは、自分を受益者に指定する。死んだら相続人Aに遺贈する」

のが通例です。

跡継ぎ遺贈型受益者連続信託はその応用で、「第一次受益者」はX、「第二次受益者」は相続人A、そして「第三次受益者」は孫Bとする、という契約です。「受益者連続信託」ともいいます。

後継ぎ遺贈型受益者連続信託のメリット

この信託制度では、次の受益者を決めておくことができるので、オーナーの次の相続、つまり第二次相続が発生した際に、オーナーの意思により事業承継や資産承継を行うことが可能になります。子どもの世代だけではなく、孫の世代まで一族で事業承継を考えられている企業オーナーにとっては、願ってもない制度ではないでしょうか。

「遺言」で希望どおりの財産承継が可能と思われがちですが、じつは少し違います。特に財産を受け取った人の相続である、第二次相続以降の話となると不確実性が増します。

一方、「後継ぎ遺贈型受益者連続信託」は受益者をあらかじめ順次定めておくことが可能です。受益者であるオーナーが亡くなった後もその意思を優先することできます。

このように「信託」は「遺言」と比較して、「後継ぎ遺贈」が可能であることが大きな特徴です。

また、遺言では相続による譲渡財産でないと、銀行融資は受けにくいです。しかし、不動産信託で受益者を指定することで「実利」は叶います。なお、実務では、遺言書の作成と信託契約を両方行っています。

信託法上、受益権の承継には回数の制限はなく、順次承継する受益者の数にも制限はありません。しかし信託期間は、信託されたときから30年経過後に新たに受益権を取得した受益者が死亡するまで、または受益権が消滅するまでと定められています。また、信託設定後30年を経過した後は一度しか新たな承継を行うことができません。

後継ぎ遺贈型受益者連続信託の事例を見ていきましょう。

事例

後継ぎ遺贈型受益者連続信託で甥に相続させたい場合

推定被相続人・高橋一郎（78歳・仮名）は、妻・華江との間に子どもがいない。

一郎には弟・二郎がおり、二郎には息子・司（二郎の甥）がいる。

一郎は築40年のマンション3棟を持っている。入居率は悪く、修繕費も多く掛かる。

一郎は年齢的に銀行ローン不可。悩みは第二次相続で妻が死ぬと、妻・華江の妹・直子に遺産が渡ること。

妻・華江が死んだ後は甥・司に相続させたい。

そこで、一郎は不動産経営に精通した金融機関（S信託株式会社）に総合委託した。

一郎が「委託者」となる信託契約とする。不動産（マンションと土地）は「受託者」S社が信託登記する（所有権はS社に移る）。一郎は直接的な借入名義人にならない（連帯保証人にもならない）。

S社は建替えを提案。必要資金はすべてS社が調達し、S社が新賃貸ビルの運営をし、利益配当を一郎の指定する「受益者」に渡すというもの。

固定資産税はS社の負担で、一郎の相続評価額はもとの所有と変わらない。遺産分割協議書や不動産の相続登記（名義変更）は不要になる。ただし遺留分の減殺請求は排除できない。

遺言では不可能であった二次受益者、三次受益者の指定が可能になったため、一郎の相続発生時も、S社名義のため預金凍結はなく、相続時の登記は受益者変更登記のみですんだ。

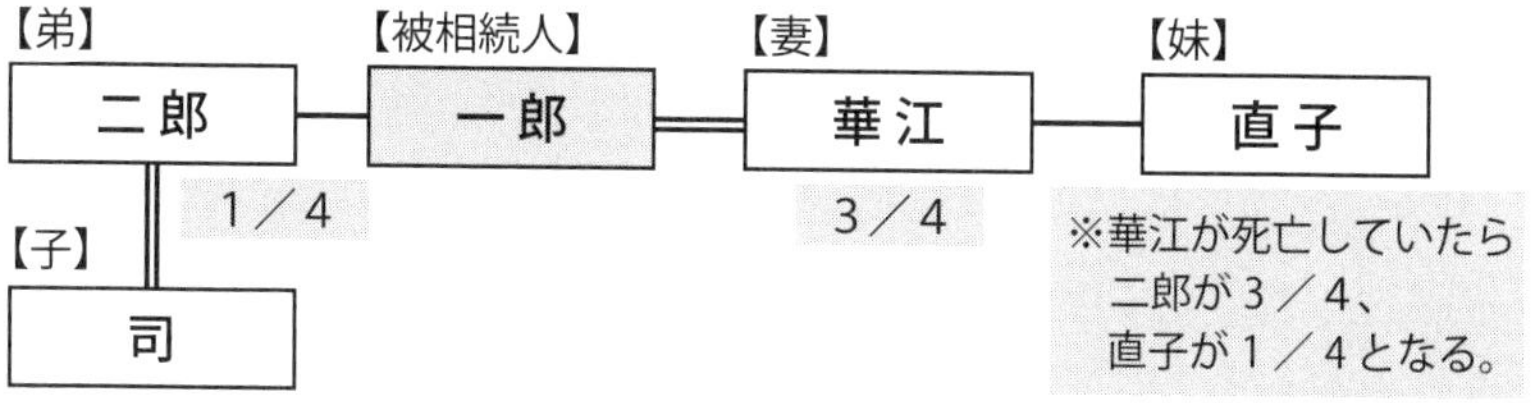

これが実行された計画の内容です。

問題は一郎がS社を信頼できるかどうかです。受託者S社は現に金融庁監督下にある、れっきとした金融機関です。また、信託財産は受託者S社がたとえ倒産しても、信託法で分離管理されるため、信託契約の継続に法的にも不安はありません。

信託は重要な相続対策になりつつあるため、さらに細かい論点まで研究しておきましょう。

4 贈与税の負担が大きい自社株対策

同族会社の相続のときは、会社の規模や業種により、方法が法定されています。評価の傾向としては、利益が上がっている会社、保有資産が多い会社は、株式の評価額が高くなりがちです。

会社の評価方法は、その会社の規模等により異なりますが、その目的は、将来の相続税の対策として、生前贈与制度をどう使うかという相続税戦略に向かっていきます。

それはさておき、企業評価額が算出されれば、連年贈与を行い、相続時精算課税制度を使う方法も「相続対策」の選択肢に加えることが必要になります。自社株に対する贈与税の納税猶予の制度の利用も、視野に入れる必要性が出てくるかもしれません。

簡単な自社株評価の算出方法

事業承継では、後継者に自社株を引き継がせることになりますが、中小企業の株は非上場なので株式市場での価格がありません。そのため、会社の規模や業種によって、「類似業種比準価額方式」「純資産価額方式」またはその併用のいずれかで評価されます。

企業の経営者は、自分自身の相続対策と同時に、事業承継のプランを立てています。しかし、会社の経営がプランどおりにいくとは限りません。利益が上がっている会社や、不動産などの資産を多く保有している会社の株価は高くなり、総額で数千万円以上になることも珍しくありません。そのため、自社株を生前に贈与すると、贈与税の負担が大きくなってしまい、それが円滑な事業承継の妨げになります。中小企業・小規模会社の事業承継を促進するため、政府もいろいろな対策を講じてきました。

自社株の価格の目安を瞬時に確認する方法は、「年買法」です。M&A（企業買収・合併）で中小企業を会社ごと売却する（たいていは株式譲渡の形態を採ります）ときに、買収されるほうも、買収するほうも、いくらで会社を売買するかを腹積もりします。そのとき、会社売買に臨むお互いの当事者がどの程度の財政状態で、どの程度の経営成績を収めている会社かを、直感的に把握する方法です。

「年買法」とは、次の「⑴営業権の評価額」と「⑵純資産の時価換算額」の合計額を企業価値と考える一つの企業評価方法です。

⑴営業権の評価額（のれん）

「営業権」とは、営業利益の3年〜5年分のことで、過去3期ほどの平均値を採ります。もう少し詳しく「のれん」を計算したい場合は、「ＥＢＩＴＤＡ」の値で見ます。

ＥＢＩＴＤＡとは「支払利息、税金、減価償却費を差し引く前の利益」のことで、おおまかに言って営業利益のことです。

E＝Earning（利益）
B＝Before（前：ここではITDA前の利益を表現しています）
I＝Interest（支払利息）
T＝Taxes（税）
D＝Depreciation（有形固定資産の減価償却費）

A＝Amortization（無形固定資産（繰り延べ資産）等の減価償却費）

もう少しきめ細かく「のれん」の営業利益を検討してみましょう。検討項目は「役員報酬」です。通常の給与であれば、当然に掛かる会社の管理費です。しかしオーナー会社では、通常の管理費としての給与より「俺はこれだけ役員報酬を取る」と言えば、おおかたはその通りに決まります。そのため、その会社の状況として「常識的に妥当な役員報酬」以外は、本当は利益になるべき費用が含まれている場合があります。そのような役員報酬の部分は、「のれん」の計算としては、利益に加えて差し支えないと思います。

図 7-1　貸借対照表

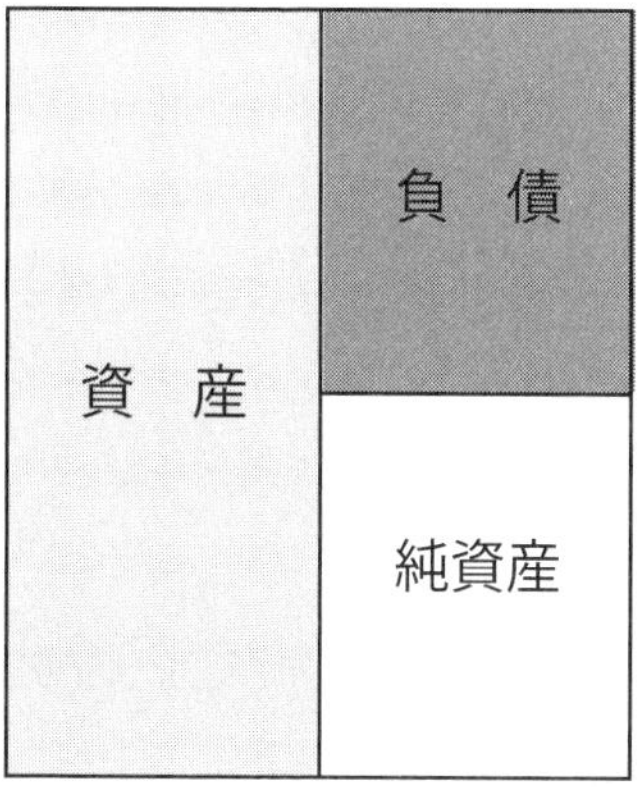

(2) 純資産の時価換算額の合計額

純資産の時価換算額は次の式で計算できます。

つまり「資本金」の時価換算額です。

資産（時価換算）－負債（簿価）

資産は、全資産（貸借対照表〔図7-1〕の「資産の部」の表示科目の合計額）を、今売却したらいくらか、つまり売却時価に換算した金額を示しています。評価がゼロになる科目も多くあります。

負債は、全負債（貸借対照表の「負債の部」の表示科目の合計額）を、時価に換算した金額を示しています。もっとも負債の部の各科目金額は、おおむね貸借対照表の表示価額をそのまま使っても、通常はあまり差しさわりがありません。

もっと学問的に計算すべきだという人は、当然そうすべきです。ただM&A等の企業評価の現場では、この年買法による価額がおおむね適正な価格となることがほとんどなので、いわば「感覚的な状況把握」のときは利用価値があります。

5 相続時精算課税制度の活用

制度の趣旨

相続時精算課税制度は、高齢者の資産を早期に次世代に移転させ、経済社会の活性化を図るとの目的があります。生前贈与の円滑化を促進します。生前贈与と相続という資産移転の時期の選択ができます。

制度の適用対象者

相続時精算課税制度は、贈与者は贈与した年の1月1日現在で60歳以上の者とし、受贈者は、贈与者の推定相続人で直系卑属（子・孫）のうちの同日現在で20歳以上の者またはその年1月1日において20歳以上であるその贈与者の孫を対象としています。

この場合の贈与者の推定相続人は、その贈与をした日において贈与者の最先順位の相続権を有する者をいい、推定相続人に該当するかどうかの判定は、その財産の贈与の日に行う規定になっています。ですから適用対象者の組み合わせは次のようになります。

(1) 60歳以上の実父母と20歳以上の実子（推定相続人）

(2) 60歳以上の養父母と20歳以上の養子（推定相続人）

(3) 60歳以上の祖父母と20歳以上の代襲相続人（孫である推定相続人）

※代襲相続とは、本来の法定相続人が相続開始前に死亡している場合に、代わってその子が相続できるとする制度です。ただ、この代襲は甥・姪までです。

(4) 60歳以上の者とその者の20歳以上の孫

年の中途に推定相続人になった場合（つまり贈与した年の1月1日時点で20歳以上の者が同日に60歳以上の者からの贈与により財産を取得した場合）、その年の中途にその者の養子または代襲相続人となったことにより、その者の推定相続人または孫となったときには、推定相続人または孫となったときより前に、その者から贈与された財産については相続時精算課税の適用はありません。

その贈与財産の贈与税は暦年課税で計算します。推定相続人または孫で直系卑属になったときより後に、その者からの贈与財産については、相続時精算課税の適用を受けることができます。

贈与者が贈与年の中途に死亡した場合、または受贈者が期限前に当該相続時精算課税選択届出書を提出しないで死亡した場合、その贈与財産の相続時精算課税選択届出書の提出先および提出期限は、ケース別に各々の規定が設けられています。

制度の内容

たとえば、贈与時に贈与財産から特別控除額2500万円が控除された場合、控除額を超えた金額については、20パーセント（定率）が課税されます。これは将来の相続税の前払いとして支払います。つまり、前払いとしての贈与税を贈与年分の翌年3月15日までの贈与税申告期限までに払うというわけです。

この贈与財産は、いずれ将来には相続財産になります。そのため相続開始前に贈与でもらった財産について、政府は後で取りこぼしがないように、贈与財産額の20パーセントくらい相続税の予納をしてもらおうと考えました。いわば相続税の仮払い（相続税の前払い）です。

相続時に、過去の贈与財産と相続財産の合計を課税価額とし、その相続税額から、この相続時精算課税制度による仮払い相続税を控除して、相続税を納付します。

この制度による贈与のお勧めは、贈与後に収益を生むもの（たとえば賃貸物件）、および贈与後に値上がりが予測されるもの（たとえば収容予定地や評価額アップが予想される自社株等）です。

たとえば、この制度を利用して、1回目（1000万円）、2回目（1000万円）、3回目（500万円）の自社株を贈与で受け取ると、特別控除額が2500万円あるので、贈与税は0円、つまり相続税の前払いとしての贈与税は0円ということになります。もちろん、その過去の2500万円の贈与は、相続開始時には、相続財産の総額を求めるため、改めて相続財産に取り込んで相続財産を計算し直します。

もしこの後に1000万円の自社株を贈与で受け取ったら、すでに2500万円の特別控除額は使ってしまいましたので、1000万円について20パーセント（定率）を、相続税の前払いとして贈与税200万円を仮納付することになります。

この場合、相続開始時には、過去の贈与額2500万円と1000万円に対する贈与税（200万円）は相続税の総額から差し引かれます。つまり、過去の贈与税が相続税の前払いとして調整されるというわけです。

もちろん、事業承継だけでなく、通常の相続対策としても活用できます。

特別控除は贈与者1人あたりの金額なので、両親それぞれから2500万円ずつ贈与されたとしても、それぞれの贈与に対して2500万円の特別控除が受けられます（合計5000万円）。

ポイントと注意点

相続時精算課税制度は、わざわざ「事業承継制度の円滑化」のために設けられたもので、生前贈与の贈与税の課税体系において、連年非課税か、この相続時精算課税制度かの二大選択肢になっている重要な制度です。

事業承継を考えるとき、「相続時精算課税制度」の恩恵として、2500万円もの

「自社株」が、当面は資金なしで、つまり贈与時には贈与税なしで、親から子・孫へ移転できる制度です。

要件として次のことがあります。

・最初に利用した年の翌年2月1日から3月15日までに、相続時精算課税の「選択届出」をします。

・すべての贈与に20パーセントの贈与税が課せられますが、相続時に支払ったすべての贈与税20パーセント分の税金は、相続税に充当されます。

・相続税が充足されれば、過納になっている「20パーセント」の納税額は、還付されます。

贈与・相続を通じて税金は精算されます。つまり、この制度にはメリットもデメリットもありますので、ぜひご自分で検討なさってみることをお勧めします。

(1) メリット

・事業承継としての資金なしで、生前は非課税で2500万円までの株式の親子間移転ができます。
・今現在、低迷している会社の株式を、比較的安い価格で評価し、会社の立て直しを図れます。
・この贈与後に、会社の「経営革新」で株価上昇が期待できる場合に効果があります。
・一度に2500万円の財産を移転せず、一部を残して次年度以降にも、合計2500万円になるまで、生前贈与として資産移転できます。
・2500万円の限度額を初年度に使わなかった部分は、翌年以降に繰り越せます。

(2) デメリット

・一度、この制度を選ぶと、受贈者の贈与はすべて、「相続時精算課税」制度のなかで処理されます。
※いったん、この制度を選ぶと、通常の贈与税課税方式である「暦年課税」制度には戻れません。
・2500万円超の部分の贈与には、すべて20パーセントの税率で贈与税が掛かります。

コラム9

非上場株式の自社株を戦略的に連年贈与する

最後にちょっと、息抜きにドラマっぽい話をします。資産家の対策になるかもしれません。

たとえば10億円の資産家個人の遊休土地を担保に、銀行から10億円を借りて、自社株評価が高い自社で中古のヘリコプターを買うとします。ヘリ購入時は、ヘリ機も出費した現金も同じ10億円ですが、1年後にヘリの評価額は、たとえば耐用年数が少ないと50パーセント償却で5億円と評価されます。

しかしその実際の利用価値はそんなに下がりません。それで以後、何年もの間、それなりの収益を稼ぎます。

また、今は株価の評価額が、比較的低くても、そのうち以前と比べて急上昇するような「非上場株式」の自社株を、比較的安いうちに贈与するというのも一つの手です。贈与時の時価が、短期間でいわゆる「大化け」するような株式を想定しています。

「そんなに急に株価が上がる見込みが分かれば苦労しないよ」と言われそうですが、じつはそうでもないのです。

先ほどの中古ヘリを買った会社の例で見てみましょう。中古鑑定では耐用年数3年とされるようなヘリコプターは、現実には多少修理のための出費を伴うにしても、整備を重ねながら所定の法定検査をクリアして、十数年使われることがほとんどです。

この場合、3年で10億円が償却費として費用化されます。それ以降は十数年にわたり相当の収益を稼ぎ続けます。償却費という費用が大きかった時期に株式を贈与したので、株価は相対的に低く評価されています。

その後、ヘリが稼ぎ続ける十数年間は、償却済みで償却費がないにもかかわらず、収益だけが大きい状態が続きます。つまり、株価は高く評価されるようになるわけです。

償却費は、定率法による償却方法（設備等が加速度的に償却され減価する方法）を選定します。たとえば平成26年4月1日以降に買えば、平成27年4月には資産の簿価（決算書上に載る計算上の帳簿価格）は年0・666の割合で、償却費（減価償却費）、つまり費用が計上されます。

ヘリの帳簿上の価値を考えてください。ヘリの決算書上の価値が、多額の償却により急速に下落します。ヘリという資産が帳簿価格上、大きく目減りするわけです。

資産の評価額が下がるという表現は、資産が減るのと同じです。資産が少なくなった株式は、株価は下がります。

自社株の価値を減らすことは、相続税を減らすうえで効果があります。直近に迫った相続対策として、中古ヘリを買うというような自社株式の評価下げの手法も、戦略的に効果的です。しかも金額が大きく、いつでも中古ヘリが売っているわけではありませんので、タイミング上の余裕が必要です。

つまり計画的な戦略として、このようなタックスプランニングできる生前贈与対策に使う効果は大きいです。

償却率に関しては、償却方法を定率法に設定することで残存耐用年数により、**表7－2**のように減価償却資産に大きな減価率（期末簿価が期首に比べて減少する率）を適用することができます。

表7－2　耐用年数による償却率（定率法）

耐用年数	償却率
2年	1.000
3年	0.677
4年	0.500
5年	0.400
6年	0.333

簿価10億円のヘリコプターの評価額は、3年後までには、次のようにして減っていきます。

【1年目の期末には】

・10億円×償却率0・677＝償却費6億7700万円

・ヘリコプターの期末の簿価（表見上の資産価値）＝3億2300万円

【2年目の期末には】

・3億2300万円×償却率0・677＝償却費2億1867万1000円

・ヘリコプターの期末の簿価（表見上の資産価値）＝1億432万9000円

【3年目の期末には】

・1億432万9000円×償却率1・000＝償却費1億432万9000円

・ヘリコプターの期末の簿価（表見上の資産価値として備考価格）＝1円

※計算は0円ですが、簿外に「物」はあるので備忘価格1円と表記します。

3年目の償却額は、技術的な話として全額が償却対象となります。つまり、改訂償却率1・000を使います。そのため、2年目の期末残存価格の全額が減価償却費になります。

しかし実際には、この中古ヘリコプターは、その後も現場的には十数年にわたり、働き続けます。

一方、借金は15年返済なら、10億円×{(15年−3年)÷15年}分が残債として残ります。すると株価の評価は、大きく下がることになります。

おわりに

本書では、あえて不動産に関する記述を極力排除しました。その意図は富裕層の一大関心事である「不動産の相続節税」は、大がかりな節税戦略により、多くは大手不動産業者絡みの大々的な「相続対策領域」の問題として、非課税贈与が取り扱われているからです。国も、最大多数の最大幸福を願う立場から、金額的にもボリュームのある施策を推進する必要があります。

しかし私は、大組織で行うような大がかりな政策や、実務に入り込むのは遠慮したいところです。一方で、ベテラン税理士として、「非課税贈与」についてはみなさんのお役に立つ自信があります。その対象は大規模な富裕層ではなく、あまり恩恵にあずかれない「プチお金持ち」あるいは平成27年の相続増税におびえる新富裕層、言い換えれば「新相続税心配症候群」の人たちです。

国の相続税・贈与税は、政策として増税路線が敷かれています。そのため、人によっては贈与税・相続税に関して今までのように「知らんぷり」はできなくなりました。「ゼロ申告」すれば税金が掛からないとか、このようにすれば贈与税も相続税も掛からないとか、ウンと安くなるとかといった学習が必要な時代になったことは確かです。そのような、あまり税法に明るくない人たちに、「相続税の節税」のヒントを分かりやすく伝えるのが本書の目的ですので、読者のみなさんが「連年贈与で安心して非課税贈与の恩恵を受けられるらしい」と理解してくだされば、著者として大変に幸せを感じます。

本書は「年110万円の連年贈与の非課税制度」をうまく使うための参考書です。あまり世間で取り上げられませんが、「連年贈与は法理として大丈夫」ということをあらためて付け加えておきたいと思います。ただし、証拠の保存を忘れずに。

本書を最後まで読み進んでいただき、ありがとうございます。あなたのもとに幸運が訪れ、上手に相続対策されることを祈念しております。

最後になりましたが、税法対応はベテランでも本を書くのは素人の私がここまでやり遂げられたのは、出版社・合同フォレスト株式会社の山中洋二取締役をはじめ、編集部のみなさまの心優しい支援と励ましがあってのことです。また私の税理士事務所で、この本の執筆に当たっての資料収集や整理をしてくれた漢字に強い山本務君の助けがなければ、こんなに早く原稿を書き上げることはできませんでした。これら関係者のみなさまに心から感謝したいと思います。ありがとうございました。

なお、この著書で取り上げた本来の贈与では、「あげます」「いただきます」の贈与意識が働きやすく、贈与税申告も当事者の意識として納得しやすいです。

しかし贈与にはもう一つやっかいな「みなし贈与」があります。それは多くの場合、当事者に贈与・受贈の意識がなく、贈与税の申告は漏れやすく、申告漏れのリスクが高いです。

みなし贈与の具体例には次のような項目があります。

(1) 生命保険金
(2) 定期金給付契約
(3) 財産の定額授受（おおむね時価の半額以下の価格によるもの）
(4) 債務免除益
(5) 信託に関する権利
(6) その他相続税法第9条に規定する利益

ただ難解なものが多いので、本書では割愛しています。またの機会に情報を提供したいと思いますので、悪しからずご了承ください。

2015年9月

堂上　孝生

■著者プロフィール

堂上孝生（どうがみ たかお）

1943 年 2 月 6 日生まれ。
アアクス堂上税理士事務所《相続 .tokyo 贈与 .tokyo 》代表
認定支援機関税理士（東京税理士会所属第 45825 号）
家族信託普及協会会員（「家族信託コーディネーター」）
相続税務支援協会会員

大阪市立大学卒業後、日本 IBM 本社で NY 本社との生産枠調整や工場発注等を担当した後、米国大手の現地販売会社・日本テクニコンへ移り経理責任者として国際税務を担当。

1980 年 11 月税理士開業、現在に至る。

2013 年には、金融庁と中小企業庁から選抜認定を受けた公的立場の経営革新等支援機関（認定支援機関）として、相続支援、事業承継・M&A 支援、融資支援を推進している。

過去十数年間、日本 M&A センターと共催で「事業承継支援」セミナーを月次で開催し、多くの実績を有する。

信託の普及について日本最大級の専門家集団に属し、信託法務コーディネーターとして「経営者の認知症」対策に取り組み、成人後見人登録を目指し研鑽中である。

著書に、『ベテラン税理士だけが知っている一人起業の成功パターン』（合同フォレスト）がある。

企画協力　ネクストサービス株式会社　代表取締役　松尾昭仁
組版・イラスト　Shima.
装幀　株式会社クリエイティブ・コンセプト

ベテラン税理士だけが知っている連年非課税贈与の成功パターン

2015年11月10日　第1刷発行

著　者　堂上　孝生
発行者　山中　洋二
発行所　合同フォレスト株式会社
郵便番号 101-0051
東京都千代田区神田神保町 1-44
電話 03（3291）5200　FAX 03（3294）3509
振替 00180-9-65422
ホームページ http://www.godo-shuppan.co.jp/forest
発売元　合同出版株式会社
郵便番号 101-0051
東京都千代田区神田神保町 1-44
電話 03（3294）3506　FAX 03（3294）3509
印刷・製本　株式会社シナノ

■刊行図書リストを無料進呈いたします。
■落丁・乱丁の際はお取り換えいたします。

ISBN 978-4-7726-6046-4　NDC 335　188 × 130